中文社会科学引文索引（CSSCI）来源集

产业经济评论
REVIEW OF INDUSTRIAL ECONOMICS

第19卷　第1辑　（总第61辑）

主编　臧旭恒

中国财经出版传媒集团
经济科学出版社
Economic Science Press

图书在版编目（CIP）数据

产业经济评论．第 19 卷．第 1 辑/臧旭恒主编．
—北京：经济科学出版社，2020.3
ISBN 978-7-5218-1400-2

Ⅰ.①产⋯　Ⅱ.①臧⋯　Ⅲ.①产业经济学 - 文集
Ⅳ.①F260-53

中国版本图书馆 CIP 数据核字（2020）第 046198 号

责任编辑：于海汛　冯　蓉
责任校对：蒋子明
责任印制：李　鹏

产业经济评论

第 19 卷　第 1 辑　（总第 61 辑）
主编　臧旭恒
经济科学出版社出版、发行　新华书店经销
社址：北京市海淀区阜成路甲 28 号　邮编：100142
总编部电话：010-88191217　发行部电话：010-88191522
网址：www.esp.com.cn
电子邮件：esp@esp.com.cn
天猫网店：经济科学出版社旗舰店
网址：http://jjkxcbs.tmall.com
北京财经印刷厂印装
787×1092　16 开　9.5 印张　180000 字
2020 年 3 月第 1 版　2020 年 3 月第 1 次印刷
ISBN 978-7-5218-1400-2　定价：32.00 元
（图书出现印装问题，本社负责调换。电话：010-88191510）
（版权所有　侵权必究　打击盗版　举报热线：010-88191661
QQ：2242791300　营销中心电话：010-88191537
电子邮箱：dbts@esp.com.cn）

目　录

破解 ICT 生产率悖论之谜
　　——基于微观视角的前沿综述
　　　　　　　　　　　　　　　　　　何小钢　华梦清　1

学而优则"市"？
　　——学历高级化对创业意愿的影响及其作用机制研究
　　　　　　　　　　　　　　　　　　傅联英　骆品亮　18

比较优势陷阱、创新偏差与后发大国全球价值链突破
　　——一个新的理论视角与经验证据
　　　　　　　　　　　　　　　　　　　　　石军伟　41

低碳城市政策对产业结构的影响
　　——一个准自然实验的视角
　　　　　　　　　　　　　　　逯　进　刘　璐　王晓飞　81

共享经济产业理论进展综述
　　　　　　　　　　　　　　　汪红梅　王万力　李瑞海　108

中国对欧 OFDI 逆向技术溢出效应研究
　　——基于贸易增加值的视角
　　　　　　　　　　　　　　高运胜　张海钰鸣　李之旭　121

CONTENTS

Cracking the ICT Productivity Paradox
　—A Frontier Review from a Micro Perspective
　　　　　　　　　　　　　　Xiaogang He　Mengqing Hua　16

Is a Good Learner More Likely to Become an Entrepreneur?
　—A Study on the Impact and Mechanism of Higher
　　Education Attainment on Entrepreneurship
　　　　　　　　　　　　　　Lianying Fu　Pinliang Luo　39

Comparative Advantage Trap, Innovation Bias and the Breakthrough
　of Global Value Chain of Developing Countries
　—A New Perspective and Empirical Evidence
　　　　　　　　　　　　　　　　　　　　Junwei Shi　79

The Impact of Low-carbon City Policies on Industrial Structure
　—A Quasi-natural Experimental Perspective
　　　　　　　　　　　　Jin Lu　Lu Liu　Xiaofei Wang　109

A Review of Industrial Theory of Sharing Economy
　　　　　　　　　　Hongmei Wang　Wanli Wang　Ruihai Li　119

The Study of Reverse Technology Spillover Effect on China's OFDI in EU
　—Based on the Perspective of Value Added in Trade
　　　　　　　　　　Yunsheng Gao　Haiyuming Zhang　Zhixu Li　139

破解 ICT 生产率悖论之谜

——基于微观视角的前沿综述

何小钢　华梦清[*]

摘　要：随着人工智能、机器人等新一代 ICT 逐步在中国大规模应用，ICT 能否赋能企业推动全要素生产率增长，成为重要的理论与现实问题。本文从国家、行业和企业 3 个层面梳理 ICT 生产率悖论的演进趋势发现，基于国家和行业的宏观研究与基于企业的微观研究存在明显的分野，前者结论不确定，后者否定存在悖论。进一步地，从微观视角对破解悖论的理论机制与路径进行了综述。ICT 投资通过与组织结构、生产流程、创新行为和劳动力技能等互补性组织行为和组织资源相互匹配才能使生产率获得有效提升，这种互补效应正是弥合宏观与微观研究结论鸿沟的有效机制。最后从政府和企业角度，给出了优化中国企业智能化战略的思路和对策，提出了进一步研究方向。

关键词：信息通信技术　生产率悖论　微观视角　突破路径　全要素生产率

一、引　言

近年来，人工智能、大数据和机器人等新一代信息通信技术（Information and Communication Technology：ICT）创新发展、日新月异，正加速向实体经济的各个领域融合渗透，新兴 ICT 对生产率和经济增长的贡献正受到企业界和学术界的普遍重视。党的十九大以来，人工智能、物联网和大数据在各行业领域加速推进，以新一代 ICT 为主要驱动力的新经济如火如荼。2019 年 3 月 5 日，李克强总理在《政府工作报告》中强调，要围绕推动制造业高质量发展，拓展"智能 +"，为制造业转型升级赋能。然而，制造业的数字

---

[*] 本文受国家自然科学基金项目"信息通讯技术与企业生产率：理论机制、实现路径与微观证据"（71963017）、江西财经大学博士后科学基金项目"互联网 + 与产业转型发展研究"（2018YJ01）和江西省研究生创新专项资金项目"ICT、组织转型与企业生产率"（YC2018 - S233）的资助。

衷心感谢审稿人的意见！何小钢：江西财经大学产业经济研究院；地址：南昌市昌北国家经济技术开发区双港东大街 169 号，邮编：330013，Email：nchxg@ 126. com。

华梦清：江西财经大学产业经济研究院；地址：南昌市昌北国家经济技术开发区双港东大街 169 号，邮编：330013，Email：965601322@ qq. com。

化与智能化转型不是一蹴而就的①。新型 ICT 能否切实提高企业生产率、赋能制造业，推动制造业高质量增长？企业在投资新一代信息通信技术的同时应该采取什么配套措施来提高新型 ICT 对产出和生产率的助推效应？等等问题亟须解答。

理论上，ICT 是否能提升生产率是不确定性的，即存在传统意义上的"信息技术生产率悖论"。1987 年，诺贝尔奖经济学家罗伯特·索洛指出：除了生产率统计数据以外，计算机无处不在。这种现象被称为"信息技术生产率悖论"（又称"索洛悖论"，后文统称"ICT 生产率悖论"），指的是虽然投入了大量 ICT 资源，但是从生产率统计角度看却收效甚微。在实证研究方面，关于"ICT 生产率悖论"，来自宏观层面（国家、行业）的研究经常得到模棱两可的结论。而来自企业与厂商层面的微观研究，却得到基本一致的结论：不存在"ICT 生产率悖论"，并且给出了一些破解 ICT 生产率悖论的具体措施。

正如 Google 引文索引比率所指出的那样，最活跃的领域是企业层面关于 ICT 对生产率影响的研究。因此，与现有研究不同，本文聚焦于微观视角，从企业层面探索 ICT 对企业经营行为的影响、ICT 发生机制及其产生的经济后果。已有文献主要基于国家和行业的宏观层面研究 ICT 生产率悖论，而且主要侧重于对 ICT 生产率悖论进行检验和解释悖论产生的可能原因（梁樑、周垂日，2004；石建勋、吴平，2007；荆林波、冯永晟，2010；杜传忠、郭美晨，2016），缺乏对悖论破解路径的探讨和总结。本文则重点从企业的微观视角对 ICT 生产率悖论进行总结和评述，揭露 ICT 生产率效应发挥的条件和作用渠道，讨论破解悖论的具体机制和路径。本文的主要贡献在于，一方面从微观层面梳理破解"ICT 生产率悖论"的理论机制与路径，另一方面为中国破解"ICT 生产率悖论"提供思路和借鉴，为中国企业在新时期实施智能化战略提供理论依据。

全文安排如下：第二部分，回顾 ICT 生产率悖论总体演变脉络；第三部分，提出微观视角的重要性；第四部分，总结企业层面破解 ICT 生产率悖论的路径；第五部分，对比总结宏微观研究，提出对中国企业的政策启示。

二、ICT 生产率悖论演进脉络：从宏观到微观

（一）ICT 生产率悖论缘起与宏观研究：国家与行业层面的进展

1. 悖论缘起与国家层面的研究进展

ICT 生产率悖论最初的框架是基于美国国家层面的生产率统计数据。官

---

① 麦肯锡的最新调研显示，超过 70% 的工业企业深陷"试点困境"，无法实现企业层面的全面转型（第一财经，2019 - 02 - 27，参见 https：//www.yicai.com/news/100125856.html）。

方数据显示，1947～1973年间，美国非农业部门的劳动生产率增长为2.87%，而1973～1995年这一数字降至1.35%[①]。与此同时，美国对信息技术进行了大量投资，包括计算机硬件、软件和电信设备。20世纪80年代至90年代初在国家层面进行的第一批研究得出的结论是，美国信息技术投资与生产率之间联系很少或几乎没有任何联系（Dedrick et al., 2003）。Roach（1991）认为信息技术投资对服务业的生产率作用不大，超过85%的服务行业都使用信息技术，但服务业生产率增长远低于制造业。Oliner and Sichel（1994）认为计算机投资对总体生产率增长的作用非常有限。

20世纪90年代中期以后，美国的生产率和GDP增长开始持续加速。主流文献基本达成共识，认为ICT投资在1995～2000年的美国生产率复苏中发挥了重要作用。Jorgenson采用生产可能性边界测算了ICT资本对生产率和GDP增长的贡献，其中1990～1995年和1995～1999年两个时期，美国劳动生产率、GDP年均增长率分别为1.19%、2.11%和2.36%、4.08%，其中ICT资本的贡献份额分别为57.1%、65.9和24.2%、28.9%（Jorgenson, 2001）。对于1995年以后ICT投资对经济增长贡献大幅提高，一种比较具有代表性的解释是"资本存量理论"，即当ICT资本占经济中全部资本存量的比例较小时，ICT对经济的影响较为有限；随着ICT价格下降，ICT资本对劳动力和其他资本的替代可能性会越大，导致ICT资本不断深化，由此产生的经济影响力会越来越显著。事实上，1995年半导体产品周期由三年转变为两年，半导体价格下降导致计算机和电信设备的价格大幅下降，ICT资本对非ICT资本大量替代，从而ICT资本存量迅速上升（Jorgenson, 2001）。国家层面的证据表明，最开始提出的生产率悖论在美国20世纪90年代中期已经消失。

在对美国的研究基础上，学者们对ICT投资在不同国家的作用进行了差异化比较研究。Colecchia and Schreyer（2002）研究了9个OECD国家在1980～2000年间经济增长模式的来源和差异，发现资本服务对产出增长的贡献中有1/3至将近100%是由ICT投资推动的。无论是ICT投资强度还是其对产出增长的贡献，美国都要超过其他国家，而且ICT对产出增长的贡献在美国以外的国家之间存在很大差异——ICT资本在澳大利亚、加拿大和芬兰大大促进了产出增长，而在意大利，法国和日本促进作用相对较低。其中产品和劳动力市场僵化，微观经济改革这些因素是导致欧洲国家ICT投资吸收和扩散缓慢并落后于美国的原因。Lee et al.（2005）发现ICT投资提高了发达国家和新兴工业经济体的生产率，但对发展中国家没有影响。发达国家和新兴市场经济国家的增长模式是"ICT促进增长"，而发展中国家的增长模式是"增长促进ICT"，因而大量投资ICT不会导致经济趋同。发展中国家

---

① 资料来源：美国劳工部劳动统计局，http://www.bls.gov。

为了获得ICT的经济效益，应该大力推进电信基础设施、人力资本、电信自由化等互补措施，以充分发挥ICT投资的作用。Dedrick et al. (2013) 将研究范围扩展到1994~2007年45个国家，发现ICT投资能够提升高收入发展中国家的生产率，原因在于发展中国家ICT投资增加以及在人力资本、经济开放程度、电信基础设施等方面进行了合理化。

总体上，国家层面研究显示，ICT生产率悖论在不同国家和不同时期具有不同的表现形式。以美国为对象的研究显示，虽然ICT生产率悖论起源于美国，但随着ICT投资不断增加以及ICT资本所需的宏观条件不断改善，主流观点认为ICT应用是导致美国生产率复苏的主要原因。对ICT生产率悖论的研究也开始转向对ICT资本对产出和生产率增长贡献的研究以及对悖论消失原因的解释。对其他国家的比较研究显示，由于发达国家和新兴工业经济体具有较完善的信息基础设施、高人力资本和灵活的劳动力市场，ICT对生产率的促进作用已经较为显著，但ICT增长贡献与美国相比仍存在明显差距。而在一些发展中国家仍存在生产率悖论，这一方面是由于发展中国家单位资本成本相对单位劳动力成本较高，ICT资本与劳动力和其他资本之间的替代可能性较小；另一方面是由于缺少ICT的互补性措施导致ICT的生产率效应未能充分发挥。

2. 行业层面的研究进展

由于不同行业之间生产函数存在很大差异，通常认为ICT对生产率的影响存在行业差异。如果仅停留在国家层面，会忽视不同行业在ICT强度、技术和产出形式等方面的差异，从而埋没一些有用信息。因此在研究ICT与生产率的关系时必须将行业异质性考虑进去，从分行业的角度研究两者之间的关系。行业层面的研究主要通过比较ICT密集行业与非ICT密集行业的生产率差距，揭示ICT投资对提升行业生产率的作用。Council of Economic Advisors (2001) 认为美国在1989~1995年和1995~1999年这两个时期，ICT密集行业的生产率增长速度要远超于非ICT密集型行业，其中1995~1999年间，ICT密集型行业生产率平均增长率（4.18%）是非ICT密集行业平均增长率（1.05%）的4倍，从而证明了ICT投资对提升行业生产率具有积极作用。Stiroh (2002) 比较了美国20世纪90年代61个行业的生产率增长，发现ICT密集型行业的生产率增长速度比非ICT密集行业高出约两个百分点。运用倍差法发现ICT强度与行业生产率之间存在高度正相关；而对行业进一步分解测算结果表明，行业对生产率增长的贡献完全来自ICT制造行业和ICT密集使用行业的生产率增长。Jorgenson et al. (2005) 测算了44个行业对美国1995年以后经济增长的贡献，结果表明，ICT制造行业和ICT密集使用行业虽然仅占美国GDP的30%左右，但却能解释经济增长加速的一半。然而，其他国家的研究结果并没有那么乐观。Van Ark et al. (2008) 研究显示，大部分欧洲国家的服务行业虽然IT密集度很高，但生产率增长（1995~

2006）并没有相应提高。

行业层面的研究结果表明，ICT密集行业相对于非ICT密集行业经历了快速的劳动生产率或全要素生产率增长，但证据大多来自美国，欧洲的服务业虽然对信息通信技术进行了大量投资，但生产率远低于美国。总之，行业层面ICT生产率悖论仍然由于行业异质性、国家异质性而存在不一致的结论。

（二）企业层面的ICT生产率悖论

虽然ICT生产率悖论最初是基于国家层面的生产率统计数据，但研究发现不同企业之间的生产率差距会导致宏观研究在探究ICT的生产率效应时存在一定的障碍和不足[①]。随着企业ICT投资日益增加，企业界在ICT利用方面也愈加高效，研究者开始将视线投向企业层面，进行更加细致的研究。

企业层面的研究始于美国20世纪90年代。早期关于ICT投资与生产率关系的研究并没有得出一致的结论。Loveman（1994）基于美国20家企业60个业务部门的研究发现，信息技术投资对产出增长没有影响。而Brynjolfsson and Hitt（1996）对367家大型企业的研究却发现计算机资本能促进产出增长。企业层面的ICT和生产率数据早期大部分是基于样本量较少的私人数据，因此存在一些明显的缺点（Dedrick，2003；Pilat，2005）。首先，私人来源的样本数据通常不具有代表性，用于研究可能会导致结果有偏，例如基于大企业的样本数据更容易得出ICT对生产率有正向促进作用的结论。其次，私人数据的质量和可比性往往是未知的，由于私人数据不一定是通过可靠的统计规则、程序和定义建立起来的，测量误差问题难以避免。除了数据来源之外，早期研究使用的数据主要来自20世纪80年代至90年代中期，这期间大多数企业ICT利用效率不高，ICT资本存量较低，如果ICT对生产率的初步影响很小，很可能在计量经济学的"噪音"中迷失，从而结果不显著。

随后，研究人员在三方面做出了重要改进：使用大样本数据，选择来源更可靠的数据以及采用更规范的理论与实证框架。2000年左右的实证研究几乎一致肯定ICT投资对企业生产率具有积极作用（Dedrick，2003）。Rai et al.（1997）基于1994年信息周500（IW 500）的数据进行了微观实证研究，发现ICT投资，包括ICT预算和ICT基础设施投资，可以提高企业产出和生产率。Mithas et al.（2012）发现以硬件、软件、设备、培训费用和其他

[①] Pilat and Criscuolo（2018）认为，宏观层面的生产率放缓是由于总体生产率统计数据掩盖了不同企业之间生产率差距逐渐扩大的事实。在整个经济体中，生产率差距不仅受到先进企业对生产率前沿的推动，还受到落后企业生产率停滞的影响。他们认为，生产率放缓与其说是全球最先进企业的创新放缓，不如说是创新在整个经济中的不均衡吸收和扩散所致。因此，宏观数据的聚合性质可能会模糊个体企业之间的差异，进而掩盖ICT在不同企业中的作用和表现。

成本衡量的 ICT 投资对提升员工销售额具有积极作用。一些研究还使用 ICT 使用数据而不是投资规模来检验 ICT 生产率效应。Greenan et al.（2001）研究了法国制造企业和服务企业全要素生产率和使用计算机的员工比例之间的关系，发现计算机使用不仅能够提高企业生产率，而且相对于非 ICT 投资具有更高的边际收益率。其他微观研究并不局限于以上两种方式，但得出的结论是一致的。例如，Bharadwaj（2000）和 Chae et al.（2014）分别从 1991～1994 年、2001～2004 年的信息周 500 中挑选出在这一时期至少两次进入该名单的 ICT 领导企业集团，并与在规模和行业等方面与 ICT 领导者企业相匹配的控制组企业进行对比，得出相似的结论，即 ICT 领导者具有更高的利润和更低的成本。

尽管大量证据表明 ICT 能提高企业生产率，但不同企业之间 ICT 投资的影响存在很大差距，甚至 ICT 投资在一些企业中表现出很高的边际收益率，在另一些企业却对生产率的影响甚微（Bresnahan et al.，2002）。因此，微观研究不仅限于讨论 ICT 是否促进生产率，更重要的是研究 ICT 影响生产率的内在机制和路径。

综上所述，关于"ICT 生产率悖论"，国家和行业层面的研究得到的是正反两方面的结论。宏观研究虽然为 ICT 与生产率关系的研究提供了量化证明和解释，但也提出了新的问题：不同国家之间 ICT 生产率差距具体来自哪里？欧洲服务业作为 ICT 密集型领域，为何生产率却与美国相去甚远？此外，技术变革的历史表明，信息技术的影响不仅取决于技术的广泛传播，还涉及技术的扩散、滞后、互补变化和调整成本。了解这些可能的影响因素在技术传播和采用过程中的作用能够更好地推动技术对经济的促进作用，而宏观数据无法作出合理解释。企业层面的证据最初也是不确定的，随着数据和识别方法的完善，来自企业与厂商层面的微观研究得到了基本一致的结论：信息通信技术有利于提高企业生产率，"ICT 生产率悖论"不存在。然而，上述研究的差异到底来自哪里，可能需要进一步分析 ICT 生产率发生的机制及其在不同层面的实证研究存在的异同。

三、ICT 生产率效应发生机制与微观视角的意义

基于国家和行业层面的研究主要是检验和解释 ICT 生产率悖论，重点在于考察不同国家 ICT 投资对国民经济的影响以及不同行业中 ICT 的提升潜力。但宏观研究无法解释在相同国家同一行业内，不同企业在 ICT 投入和利用方面的差异以及由此产生的相对差异性结果（Pilat，2005；邵文波等，2018）。事实上，企业才是生产投资决策的主体，在其他条件不变的情况下，企业基于利润最大化进行生产决策，包括 ICT 硬件、设备、软件和其他相关资源投入的多寡（Milgrom and Roberts，1990）。而不同企业对于 ICT 和相关

资源的利用效率又会造成企业绩效方面的差异。因此，企业层面的研究有助于理解 ICT 与其他组织资源之间的关系，从而更好地理解 ICT 影响生产率的机制和路径以及 ICT 与何种资源相互匹配才能使生产率获得有效提升；从而更好地理解和解释信息通信技术生产率悖论，并进一步寻找"ICT 生产率悖论"的突破路径。

企业层面的研究可以揭示 ICT 与组织投资之间的关系。Brynjolfsson and Hitt（1995）同时估计了不考虑固定效应的生产率模型和固定效应生产率模型，这种方法可以将企业的信息技术资本收益解释为两个部分：一部分来自 ICT 投资随时间深化而带来的演进性收益，另一部分来自在样本期间不随时间变化或变化缓慢的企业固定特征，如组织实践。Brynjolfsson and Hitt（2003）基于差分模型，发现计算机资本增长对多因素生产率增长的长期影响要大于短期影响，当使用一期差分生产率作为模型因变量时，计算机的测量收益大致等于其测量成本；当使用 3~7 期差分时，计算机的影响将达到短期影响的 2~5 倍。以 Brynjolfsson 为代表的一些学者认为，互补性是对 ICT 所导致的生产率增长模式最合理的解释，具体在于 ICT 通过与企业中的组织结构、流程再造、员工技能、技术创新等组织投资形成互补效应，导致生产率大幅提升。而组织投资的特点是前期投入大、耗时且不易测量。从长远来看，ICT 使用会导致所有补充性组织投资的需求曲线向外移动。然而，在短期内，只有少数企业能够成功地投资于相应的企业组织，其他企业要么是等待共同创造，要么是减少投资，从而导致不同企业对 ICT 的需求及其使用效果存在很大差异（Bresnahan et al.，2002）。

一些微观研究试图直接度量组织投资，并确定其是否与 ICT 互补以及是否结合互补投资的企业具有更好的生产绩效。由于组织投资的多样性和复杂性，学者们往往从自己的研究视角出发给出关于组织投资的概念与构成维度，并得出相关结论，然而如何将所有与 ICT 相关的组织投资进行归纳和分类，并将其与 ICT 和生产率联系起来，这在当前研究中仍未给出有效的总结。Milgrom and Roberts（1990）认为，企业 ICT 投资与适应性组织变革、人力资本、技术创新构成了一个互补系统，这个系统中各要素通过相互补充、相互配合能促进企业生产率提升，任何一种单一的要素对生产率的影响都是不充分的。因此，我们的工作是通过整理相关文献将这个互补系统中的各要素进行分解并逐一加以概述，以揭示其在 ICT 使用过程中所发挥的作用，从而更好地发挥 ICT 对生产率的促进效应，从微观视角实现对"ICT 生产率悖论"的突破。

四、破解 ICT 生产率悖论之谜：理论机制与作用渠道

在 ICT 环境中，企业进行互补性组织投资的能力能够得到强化，通过减

少成本、促进信息协同与传递、提高质量和服务等来改善技术利用率，促进生产率提高，这是 ICT 价值的一个重要体现。基于对大量微观研究文献的考察，本文总结出一组会对 ICT 使用产生影响并具有重要实践意义的互补因素，分别是组织结构变革、生产和效率管理、产品和工艺创新、人力资源管理。我们的目的并非是提供一份详细和完整的清单，而是为 ICT 互补机制构建一套有效的分析框架，以明确 ICT 对生产率的内在作用机制。

（一）组织结构变革

关于信息通信技术与组织结构影响的研究最早来自 20 世纪 50 年代 Levit and Whistler 发表于《哈佛商业评论》的文章，他们认为信息技术在组织中的应用会导致组织重新集中，中层管理层消失以及高层管理精英的出现。随着 ICT 应用不断深入，越来越多的研究认为 ICT 和组织结构之间是相互影响的关系。ICT 促使企业调整组织架构和重新分配决策权力，而调整后的组织信息传输路径和决策机制得到改善，能够更好地利用 ICT 带来的信息和知识，充分发挥组织信息化的最大效果。Bresnahan et al.（2002）比较了 ICT 投资企业在不同组织结构下的生产率差异，他们发现拥有大量 ICT 投资并进行组织结构重组的企业生产率水平最高；而拥有大量 ICT 投资却采用传统组织结构的企业相对于 ICT 投资较少的类似企业获得更低的生产率。

首先，ICT 与扁平化的组织结构相适应。在传统的金字塔式组织结构中，企业内部管理层次可分为战略层、中间层和执行层。中间管理层在组织中承担的主要作用是上传下达，即向上层反映所收集的信息，向底层传达领导者旨意，这种层级结构可以减少不同参与者之间的通信节点数量从而降低信息成本（Malone，1987）。而 ICT 应用改变了传统的信息传递和获取方式，扩大了信息交流范围，提高了信息传递效率，可以代替原来由中间管理层进行信息传递这一路径，从而减少了对多层管理的需求（Huber，1984）。精简后的组织各部门之间交流和互动更加频繁，能够有效推动信息在各部门之间传递，进而促进组织协同和效率提升。其次，ICT 与分散化决策相适应。ICT 为企业带来了大量信息，信息不再为少数人垄断，员工拥有的私人信息价值也在不断上升，导致传统的集中决策模式难以满足决策对信息的需求，企业倾向于分散决策以更好地接收和利用来自组织内外各个方面的大量信息和知识，提高信息使用效率，进而减少由信息不对称和不全面所导致的决策失误，提高资源配置效率（Hubbard，2003）。在分散化决策下，根据员工参与决策的形式和程度不同可以分为：建议参与（员工不一定拥有决策权）、工作参与（员工有更多的日常工作控制权）和业务参与（员工可以参与管理决策）（Murphy，2002）。这种决策模式能够提高员工获取和利用信息的主动性（Aghion and Tirole，1997），进而充分利用员工的私人知识，降低信息成本，提高 ICT 的使用效果。

（二）生产和效率管理

生产和效率管理的目的在于促进 ICT 与生产过程融合，利用 ICT 改造原有的业务流程和生产任务，实现内部资源协调和流程优化，从而降低生产成本，提高生产效率和促进价值创造。首先，围绕 ICT 进行业务流程重组。传统企业的业务流程往往是线性的，由研究和开发到最终商业化，整个流程所用时间比较长，而且各个环节往往不可逆。ICT 应用打破了流程各个环节的界限，产生了全新的业务流程构想，促进了资源整合、流程优化与业务集成，产生了以数字化关系网络为支撑的模块化业务流程。新的或改进过后的业务流程使企业能够以更高效的方式利用 ICT，从而实现成本、质量、速度和客户服务等方面的重大改进（Murphy，2002）。对一项大型企业资源规划的调查发现，计算机硬件和软件的平均支出只占典型启动成本（2050 万美元）的 20%，剩余成本主要用于雇佣顾问设计新的业务流程以及培训员工使用新系统等（Brynjolfsson and Hitt，2003）。其次，ICT 导致外包活动增加。与早期观点认为外包不重要形成鲜明对比的是，外包被认为是企业利用外部专业化资源以降低内部成本的策略（Murphy，2002；冯泰文，2009）。随着 ICT 在生产中不断应用，ICT 能降低企业生产成本和协调成本，如果内部生产成本和协调成本之和小于外部生产成本和协调成本之和，企业会采用内部制造代替市场交易，那么企业一体化程度增加；反之，企业会选择市场交易，一体化程度下降（Malone，1987）。Brynjolfsson et al.（1994）基于企业级数据发现，ICT 对降低生产成本的作用要小于降低协调成本的作用，而且 ICT 更可能降低外部协调成本，导致外包活动增加，企业总成本下降。汪淼军等（2006）基于浙江企业数据发现，在信息技术投资规模较低时，实施一体化的企业生产率更高；而信息技术投资规模较高时，实施"积极缩减生产规模""将部分非核心业务外包"的企业生产率更高，原因在于在信息技术不同投资阶段，信息技术对生产成本和协调成本的降低程度不同。

（三）产品和工艺创新

创新机制对信息通信技术与生产率的调节效应在已有实证研究中已经得到了广泛讨论和证明。Koellinger（2008）通过研究互联网背景下欧洲企业的创新行为绩效发现，信息通信技术对企业绩效的影响受到由 ICT 投资导致的创新活动的调节，不会带来创新的技术投资相当于沉没成本，不会造成企业经营绩效改善。Bartel et al.（2007）发现在高度自动化的阀门制造业中，使用先进 ICT 制造技术可以提高产品和工艺创新能力，进而促进定制化产品生产过程的效率。因此，技术创新在 ICT 实现企业生产率提高以及维持和创造企业竞争优势方面发挥了重要作用。

ICT 和技术创新的互补内涵体现在：ICT 能以更高的效率和更低的成本

获取和吸收外部知识，并将数字化知识和信息流这种全新的生产要素融入创新业务流程中，从而优化生产要素组合，提高产品与工艺创新绩效（韩先锋等，2014）。而新产品和新工艺往往对应着更低的生产投入，更高的技术含量和附加值（Evangelista et al.，2010）。具体体现在，首先，ICT 能促进产品创新。产品创新是指在产品特征或预期用途方面引进新的或重大改进的功能（Mohnen and Hall，2013）。其一，使用 ICT 可以拓展传统产品的功能，提高产品中的技术和知识含量，提高产品附加值。例如，随着先进制造技术不断嵌入到制造业产品中，产品的智能化水平不断提高，企业能够开展基于智能产品的远程诊断、维护和智能管理等各类增值服务。其二，ICT 能够促进组织内部和跨组织边界的协作，促进知识和信息的交流、共享和创造（Yassine et al.，2004），从而提高产品设计、开发和生产阶段的效率（Mauerhoefer et al.，2017）。此外，ICT 还可以降低产品设计和开发成本，如 3D 打印和虚拟技术可以对新产品的创意进行快速低成本的建模和试制，并根据用户反馈进行修改，从而降低产品开发成本并缩短开发周期。其次，ICT 能提升工艺创新效率。工艺创新是指采用新的或重大改进的生产和交付方法，这些方法涉及技术、设备和软件的变化（Mohnen and Hall，2013）。ICT 不仅能够促进工艺设计过程中的知识获取和扩散，提高工艺设计效率，还能对以往知识和经验进行定量和定性检验，提高工艺测试阶段的效率。例如，云计算可以对新工艺进行快速测试、试制和修改，降低研发和生产成本。随着工艺创新能力提升，企业产品创新能力也会进一步提升，进而为企业创造新的需求来源和市场份额（Mohnen and Hall，2013）。

（四）人力资源管理

信息通信技术是一项技能偏向型技术（Brynjolfsson and Hitt，2000；Bresnahan et al.，2002；Borghans and Weel，2006；宁光杰、林子亮，2014；邵文波等，2018），其在企业中的应用会产生对高技能劳动力的需求偏向。Bresnahan et al.（2002）总结了 ICT 与高技能劳动力互补的两种机制：有限替代和信息过载。Borghans and Weel（2006）则从 ICT 影响分工的角度解释了 ICT 对劳动力技能需求的潜在影响，并通过实证得出 ICT 与高技能劳动力是互补关系。人力资源管理的目的在于提高企业劳动力技能水平，进而与 ICT 相互匹配，共同促进企业生产率提升。

首先，积极的员工筛选机制。主要涉及四个人员管理指标：纠正或解雇表现不佳者，提拔高能力员工，奖励高绩效员工，招聘人才方面的管理工作。这些实践有利于不断提升员工技能以支持 ICT 应用。Bloom et al.（2012）基于美国和欧洲多个国家 ICT 与生产率的微观数据发现，这些国家的信息技术投资均能提高企业生产率，但 ICT 投资强度及其生产率效应，欧洲国家都远落后于美国，原因在于美国相对于欧洲国家实施了更加严格的人员管理实践，这一方面能强化信息技术对生产率的促进作用，另一方面提高了信息技术的使用率。其次，团队合作。ICT 可以节约劳动力协调时间，团队合作程度较高的企业劳动力之间的协调更加频繁，ICT 降低协调成本的效应对于这些企业更加明显，而节约的时间用于生产中会导致高、低技能劳动力的生产率差距扩大，从而产生对高技能劳动力的需求偏向，这一过程最终会促进企业生产率提升（邵文波、李坤望，2014）。团队合作的另一种效应来自团队中劳动力的知识、技能和能力更加多样化，当企业内部技术变化时团队相对于个人具有较强的适应能力（Gu and Surendra，2004），能够快速适应新技术。再次，劳动力培训。劳动力培训是企业和员工在雇佣关系开始后进行额外技能培训的共同决定（Black and Lynch，2005），体现了劳动力对技术结构的适应性调整。劳动力培训一方面可以降低由劳动力无法适应新技术而引起的结构性失业，降低企业调整成本；另一方面有利于促进 ICT 与劳动力技能之间的匹配，提高 ICT 的使用效率。员工的培训需求不仅限于新技术的引入，随着团队合作等新型组织形式的建立，也会增加员工对额外培训的需求，以帮助其在更具互动性的团队环境中发挥作用（Black and Lynch，2005）。最后，灵活的薪酬体系。薪酬一般包括三部分：基本工资，可变薪酬和间接福利。可变薪酬是企业用于重新调整员工利益，使之与企业利益相一致的工具。薪酬体系设计与新技术采用没有直接联系，但可变薪酬与人力资本、组织资本之间存在协同效应，可变薪酬除了能够凝聚高技能劳动力之外，还能通过增加员工激励和承诺促进与改进生产率相关的组织实践（Murphy，2002）。例如，Guadalupe and Wulf（2010）发现，在外部竞争加剧时，企业倾向于采用分散化决策并增加部门经理的激励薪酬。

五、弥合宏微观研究鸿沟与政策启示

（一）弥合宏微研究鸿沟

通过对 ICT 互补机制相关研究的总结可以发现，ICT 在应用过程中与企业组织结构、生产管理、技术创新、人力资源管理等因素存在互补效应，这些内在与外在条件是否具备，是导致 ICT 在不同国家和不同行业存在"ICT 生产率效悖论"的重要诱因。尽管 ICT 需要与互补投资相互匹配才能提高生产率，但 ICT 与组织投资的互补类型与企业特征存在很大联系。例如，大企业和年轻企业通常对 ICT 投资水平较高，而且更可能积极进行组织改造（Acemoglu et al.，2007）；而小企业由于技术、资金有限，ICT 应用程度通常较低，相应的人力资本等互补性资产投入较少（汪淼军等，2006）。不仅 ICT 与组织投资之间存在互补性，组织投资之间也存在互补性（Bresnahan et al.，2002；Murphy，2002；Black and Lynch，2005）。例如，ICT 可以促进新产品开发，而新产品通常需要新的生产工艺以优化原来的生产要素组合，因而产品创新经常伴随着工艺创新；引入生产特定产品或服务的新方法需要更高的人力资本和相应的工作场所组织创新（Mohnen and Hall，2013），而互补性人力资本和组织创新又会促进ICT投资增加，因而ICT、人力资本、技术创新、组织创新之间存在多重互补效应。在组织投资不足或组织资源错配的情况下，ICT的生产率效应就不能完全发挥。

基于微观层面的研究有助于打开企业破解ICT生产率悖论的"黑箱"，探索ICT具体与何种资源相互匹配才能促进企业生产率提升。因此，基于ICT互补机制可以对宏观层面（国家与行业样本）ICT生产率悖论作出一定解释：由于企业层面ICT互补投资是发挥ICT生产率效应的充分条件，而识别互补投资的能力因国家和行业而异，进而导致ICT吸收和利用存在国别与行业差异，最终导致ICT生产率效应在宏观上表现出显著的异质性。尤其是对于发展中国家，与ICT配套的互补性投资缺失是导致（发展中国家）国家层面和行业层面ICT生产率悖论的一个重要原因。另外，微观视角对于欧洲服务业生产率悖论的一种可能解释是：由于欧洲以僵化的劳动力市场而闻名，其限制性的雇佣和解雇规则以及其他限制性劳动法规增加了企业的重组成本，使得企业更不愿意以适当的方式重组其生产流程。如果没有适当的促进企业重组改进的政策跟进，ICT只能带来较少边际生产率提高，这与Grüner（2009）和Bloom et al.（2012）等的观点一致。

总之，基于企业层面的微观研究与基于国家和行业层面的宏观研究存在明显的分野，这种鸿沟具体表现如下：在研究角度上，微观的ICT与生产率文献通常将企业组织因素考虑进去，考察ICT与组织因素的互补性对生产率的影响，而很少单独考察ICT与生产率之间的关系。宏观研究正好相反，宏观研究考察的主要是ICT投资与生产率和产出增长之间的关系，即主要讨论是否存在"ICT生产率悖论"。在宏观层面上，识别这些互补投资非常困难——互补投资大部分是无形的，是造成"ICT生产率悖论"的原因之一。因此对企业ICT互补机制的研究能够从微观上形成对"ICT生产率悖论"的有效突破，也是弥合"ICT生产率悖论"宏观和微观研究鸿沟的有效途径。

（二）"破解ICT生产率悖论"对我国的启示

中国已成为人工智能、大数据和5G等新一代ICT技术应用场景最丰富的国家。新型ICT不断嵌入企业的过程中，不但给企业带来了技术领域的变革需求，而且带来了组织、管理和人员等方面的转型压力。如何看待新型ICT给企业转型带来的挑战，进一步地，如何更好地应对这种挑战，以更好地破解传统意义上的"ICT生产率悖论"，是当前中国企业界和学术界亟须面对和解决的重要理论与现实问题。基于此，本文从企业微观视角梳理和总结的破解ICT生产率悖论的路径，对中国当前和今后一段时期政府和企业实施信息化、智能化战略具有一定的启示。

其一，从政府角度来看，继续投资于信息与智能化基础设施可能是正确的导向，能够为诱发 ICT 的生产率效应提供更好的基础。宏观研究表明，不同国家的 ICT 投资的经济效应是不同的，发展中国家与发达国家在投资结构、发展阶段等方面的差异，导致 ICT 的溢出条件、基础发生变化，进而影响其经济效应的发挥。因此，政府可以在信息基础设施建设以及引导企业智能化战略等方面提供一些基础性的帮助，有利于中国企业突破"ICT 生产率悖论"，减少与发达国家之间的数字鸿沟。

其二，在企业层面，投资信息通信技术的同时要加强技术创新、积极实施与 ICT 技术相适应的人力资本和组织结构转型等方面的互补性投资（何小钢等，2019；何小钢等，2020）。在信息化与智能化战略实施过程中，需要在企业的组织结构、生产流程、管理措施、技术创新等方面同时投入，以突破发展中国家可能由于企业自身技术与管理存在瓶颈而无法有效地吸收 ICT 技术的困境，将 ICT 真正应用于生产经营并产生实效。而组织因素如何更好地与 ICT 相互匹配，进而提高生产率，其中的理论机制以及基于中国的实证证据，则是未来值得进一步研究的方向。

参 考 文 献

[1] 杜传忠、郭美晨：《信息技术生产率悖论评析》，载《经济学动态》2016 年第 4 期。
[2] 冯泰文：《生产性服务业的发展对制造业效率的影响——以交易成本和制造成本为中介变量》，载《数量经济技术经济研究》2009 年第 3 期。
[3] 韩先锋、惠宁、宋文飞：《信息化能提高中国工业部门技术创新效率吗》，载《中国工业经济》2014 年第 12 期。
[4] 何小钢、冯大威、华梦清：《信息通信技术、决策模式转型与企业生产率——破解索洛悖论之谜》，载《山西财经大学学报》2020 年第 3 期。
[5] 何小钢、梁权熙、王善骝：《信息技术、劳动力结构与企业生产率——破解"信息技术生产率悖论"之谜》，载《管理世界》2019 年第 9 期。
[6] 荆林波、冯永晟：《信息通讯技术、生产率悖论与各国经济增长》，载《经济学动态》2010 年第 6 期。
[7] 梁樑、周垂日：《企业中的信息技术生产率悖论》，载《中国工业经济》2004 年第 3 期。
[8] 宁光杰、林子亮：《信息技术应用、企业组织变革与劳动力技能需求变化》，载《经济研究》2014 年第 8 期。
[9] 邵文波、匡霞、林文轩：《信息化与高技能劳动力相对需求——基于中国微观企业层面的经验研究》，载《经济评论》2018 年第 2 期。
[10] 邵文波、李坤望：《信息技术、团队合作与劳动力需求结构的差异性》，载《世界经济》2014 年第 11 期。
[11] 石建勋、吴平：《关于信息技术投资的生产率悖论及其争议》，载《经济学动态》

2007 年第 12 期。

[12] 汪淼军、张维迎、周黎安：《信息技术、组织变革与生产绩效——关于企业信息化阶段性互补机制的实证研究》，载《经济研究》2006 年第 1 期。

[13] Acemoglu, D., Aghion, P., and Lelarge, C., 2007: Technology, Information, and the Decentralization of the Firm, *Quarterly Journal of Economics*, Vol. 122, No. 4.

[14] Aghion, P. and Tirole, J., 1997: Formal and Real Authority in Organizations, *Journal of Political Economy*, Vol. 105, No. 1.

[15] Bartel, A., Ichniowski, C., and Shaw, K., 2007: How Does Information Technology Affect Productivity? Plant – Level Comparisons of Product Innovation, Process Improvement, and Worker Skills, *The Quarterly Journal of Economics*, Vol. 122, No. 4.

[16] Bharadwaj, and Anandhi, S., 2000: A Resource – Based Perspective on Information Technology Capability and Firm Performance: An Empirical Investigation, *MIS Quarterly*, Vol. 24, No. 1.

[17] Black, S. E., and Lynch, L. M., 2005: Measuring Organizational Capital in the New Economy, *National Bureau of Economic Research*, Vol. 44, No. 2.

[18] Bloom, N., Sadun, R., and Van Reenen, J., 2012: Americans Do IT Better: US Multinationals and the Productivity Miracle, *American Economic Review*, Vol. 102, No. 1.

[19] Borghans, L., and Weel, B., 2006: The Division of Labour, Worker Organisation, and Technological Change, *The Economic Journal*, Vol. 116, No. 509.

[20] Bresnahan, T. F., Brynjolfsson, E., and Hitt, L. M., 2002: Information Technology, Workplace Organization, and the Demand for Skilled Labor: Firm – Level Evidence, *The Quarterly Journal of Economics*, Vol. 117, No. 1.

[21] Brynjolfsson, E. and Hitt, L. M., 1996: Paradox lost? Firm – Level Evidence on the Returns to Information Systems Spending, *Management Science*, Vol. 42, No. 4.

[22] Brynjolfsson, E. and Hitt, L. M., 2000: Beyond Computation: Information Technology, Organizational Transformation and Business Performance, *Journal of Economic Perspectives*, Vol. 14, No. 4.

[23] Brynjolfsson, E. and Hitt, L. M., 2003: Computing Productivity: Firm – Level Evidence, *Review of Economics and Statistics*, Vol. 85, No. 4.

[24] Brynjolfsson, E., and Hitt, L. M., 1995: Information Technology as a Factor of Production: The Role of Differences among Firms, *Economics of Innovation and New technology*, Vol. 3, No. 3 – 4.

[25] Brynjolfsson, E., Malone, T. W., and Gurbaxani, V., 1994: Does Information Technology Lead to Smaller Firms? *Management Science*, Vol. 40, No. 12.

[26] Chae, H. C., Koh, C. E., and Prybutok, V. R., 2014: Information Technology Capability and Firm Performance: Contradictory Findings and Their Possible Causes, *MIS Quarterly*, Vol. 38, No. 1.

[27] Colecchia, A., and Schreyer, P., 2002: ICT Investment and Economic Growth in the 1990s: Is the United States a Unique Case? A Comparative Study of Nine OECD Countries, *Review of Economic Dynamics*, Vol. 5, No. 2.

[28] COUNCIL OF ECONOMIC ADVISORS. , 2001: The Annual Report of the Council of Economic Advisors, *In the Economics of the President. U. S. Government Printing Office*, Washington, D. C.

[29] Dedrick, J. , Gurbaxani, V. , and Kraemer, K. L. , 2003: Information Technology and Economic Performance: A Critical Review of the Empirical Evidence, *ACM Computing Surveys (CSUR)*, Vol. 35, No. 1.

[30] Dedrick, J. , Kraemer, K. L. , and Shih, E. , 2013: Information Technology and Productivity in Developed and Developing Countries, *Journal of Management Information Systems*, Vol. 30, No. 1.

[31] Evangelista, R. and Vezzani, A. , 2010: The Economic Impact of Technological and Organizational Innovations: A Firm – Level Analysis, *Research Policy*, Vol. 39, No. 10.

[32] Greenan, N. , Mairesse, J. , and Topiol – Bensaid, A. , 2001: Information Technology and Research and Developement Impacts on Productivity and Skills: Looking for Correlations on French Firm – Level Data, *National Bureau of Economic Research*, No. w8075.

[33] Grüner, H. P. , 2009: Information Technology, Efficient Restructuring and the Productivity Puzzle, *Journal of Economic Behavior & Organization*, Vol. 72, No. 3.

[34] Guadalupe, M. and Wulf, J. , 2010: The Flattening Firm and Product Market Competition: The Effect of Trade Liberalization on Corporate Hierarchies, *American Economic Journal: Applied Economics*, Vol. 2, No. 4.

[35] Gu, W. and Surendra, G. , 2004: The Effect of Organizational Innovation and Information Technology on Firm Performance, *SSRN Electronic Journal*, Vol. 3, No. 9.

[36] Hubbard, T. N. , 2003: Information, Decisions, and Productivity: On – Board Computers and Capacity Utilization in Trucking, *American Economic Review*, Vol. 93, No. 4.

[37] Huber, G. P. , 1984: The Nature and Design of Post – Industrial Organizations, *Management Science*, Vol. 30, No. 8.

[38] Jorgenson, D. W. , 2001: Information Technology and the US Economy, *American Economic Review*, Vol. 91, No. 1.

[39] Jorgenson, D. W. , Ho, M. S. , and Stiroh, K. J. , 2005: Productivity, Volume 3: Information Technology and the American Growth Resurgence, *MIT Press Books*, Vol. 43, No. 7.

[40] Koellinger, P. , 2008: The Relationship between Technology, Innovation, and Firm Performance—Empirical Evidence from E – Business in Europe, *Research Policy*, Vol. 37, No. 8.

[41] Lee, S. Y. T. , Gholami, R. , and Tong, T. Y. , 2005: Time Series Analysis in the Assessment of ICT Impact at the Aggregate Level – Lessons and Implications for the New Economy, *Information & Management*, Vol. 42, No. 7.

[42] Loveman, G. W. , 1994: An Assessment of the Productivity Impact of Information Technologies, *Information Technology and the Corporation of the 1990s: Research Studies*, Vol. 84.

[43] Malone, T. W. , 1987: Modeling Coordination in Organizations and Markets, *Management Science*, Vol. 33, No. 10.

[44] Mauerhoefer, T., Strese, S., and Brettel, M., 2017: The Impact of Information Technology on New Product Development Performance, *Journal of Product Innovation Management*, Vol. 34, No. 6.

[45] Milgrom, P. and Roberts, J., 1990: The Economics of Modern Manufacturing: Technology, Strategy, and Organization, *American Economic Review*, Vol. 80, No. 3.

[46] Mithas, S., Tafti, A. R., and Bardhan, I., 2012: Information Technology and Firm Profitability: Mechanisms and Empirical Evidence, *MIS Quarterly*, Vol. 36, No. 1.

[47] Mohnen, P. and Hall, B. H., 2013: Innovation and Productivity: An Update, *Eurasian Business Review*, Vol. 3, No. 1.

[48] Murphy, M., 2002: Organisational Change and Firm Performance, *OECD Science*, Vol. 14, No. 4.

[49] Oliner, S. D., Sichel, D. E, and Triplett, J. E., 1994: Computers and Output Growth Revisited: How Big is the Puzzle? *Brookings Papers on Economic Activity*, Vol. 25, No. 2.

[50] Pilat, D., 2005: The ICT Productivity Paradox, *OECD Economic Studies*, Vol. 2004, No. 1.

[51] Pilat, D. and Criscuolo, C., 2018: The Future of Productivity, *Policy Quarterly*, Vol. 14, No. 3.

[52] Rai, A., Patnayakuni, R., and Patnayakuni, N., 1997: Technology Investment and Business Performance, *Communications of the ACM*, Vol. 40, No. 7.

[53] Roach, S. S., 1991: Services Under Siege—the Restructuring imperative, *Harvard Business Review*, Vol. 69, No. 5.

[54] Stiroh, K. J., 2002: Information Technology and the US Productivity Revival: What Do the Industry Data Say? *American Economic Review*, Vol. 92, No. 5.

[55] Van Ark, B., O'Mahoney, M., and Timmer, M. P., 2008: The Productivity Gap between Europe and the United States: Trends and Causes, *Journal of Economic Perspectives*, Vol. 22, No. 1.

[56] Yassine, A., Kim, K. C., and Roemer, T., 2004: Investigating the Role of IT in Customized Product Design, *Production Planning & Control*, Vol. 15, No. 4.

Cracking the ICT Productivity Paradox

—A Frontier Review from a Micro Perspective

Xiaogang He Mengqing Hua

Abstract: With the large-scale application of the new generation of ICT such as artificial intelligence and robots in China, whether ICT can empower firms to promote TFP growth has become an important theoretical and practical issue. This paper sorts out the evolutionary trend of the ICT productivity paradox from the three levels of country, industry and firm. It is found that there is a clear distinction between macro studies based on countries and industries and micro studies based on firms. The former conclusion is uncertain, while the latter negates the existence of a paradox. Further, this paper summarizes the theoretical mechanism and path of cracking the paradox from a micro perspective. Only by matching complementary organizational behaviors and organizational resources, such as organizational structure, production process, innovation behavior and labor skills, can ICT investment effectively improve productivity. This complementary effect is an effective mechanism to bridge the gap between macro and micro research conclusions. Finally, from the perspective of government and firms, this paper gives the thoughts and countermeasures of optimizing the intelligent strategy of Chinese firms, and puts forward the further research direction.

Key Words: ICT Productivity Paradox Micro Perspective Breakthrough Path Total Factor Productivity

JEL Classification: D21 D24

学而优则"市"?
——学历高级化对创业意愿的影响及其作用机制研究

傅联英　骆品亮[*]

摘　要：本文首先分析揭示了学历高级化影响创业意愿的作用机理，构建起机会成本、社会资本、认知能力、风险态度四项渠道组成的综合机制；在考虑内生性的基础上，本文利用中国家庭金融调查数据识别学历高级化对创业意愿的因果性影响、运用因果中介效应分析方法检验其作用机制。基准模型结果发现，学历高级化对创业意愿产生了负向因果性影响，该结论在多项检验中均表现稳健。异质性分析结果显示，学历高级化对非海归群体、二本和三本高校毕业群体、缺乏家庭创业传承（父母均未创业）群体、东西部群体、城镇群体的创业意愿产生了抑制效应，对海归群体、一本高校毕业群体、农村地区人群的创业意愿则产生了强化效应。机制分析表明，学历高级化正是通过上述四项渠道构成的平行机制显著地影响创业意愿，且由于机会成本渠道的负向效应强于后三项渠道的正向效应之和，学历高级化对创业意愿的净效应表现为负。研究结论对明确大众创业的主体、推进创业政策的完善具有启发意义。

关键词：教育获得　创业意愿　机会成本　社会资本　认知能力　风险态度

一、引　言

"大众创业、万众创新"的召唤掀起了创业热潮。数据显示，约51%的

---

[*] 本文得到了2019年福建省软科学计划项目"海陆联动型产业技术创新平台构建与治理研究"（2019R0060）、2019年泉州市社会科学规划一般项目"泉州产业技术创新平台的分布式运行与价值网治理研究"（2019D15）、2019年福建省中国特色社会主义理论体系研究中心一般项目"福建省大学生创新创业创造行为的理论分析与对策研究"（2019ZTD07）、2019年度华侨大学校基金项目"华侨大学校友创业行为的理论解析与调查研究"（2019HJY08）资助。感谢匿名审稿专家提出的建设性修改意见！
傅联英：华侨大学经济与金融学院；地址：福建省泉州市丰泽区城华北路269号华侨大学经济与金融学院505室，邮编：362021；E-mail: trustflynn@163.com。
骆品亮（通信作者）：复旦大学管理学院产业经济学系；地址：上海市杨浦区国顺路670号复旦大学管理学院思源教授楼336室，邮编：200433；E-mail: plluo@fudan.edu.cn。

民众倾向于自主创业①，2015年以来每年新增企业数量将近1万家②。然而，当下的中国已非当年仅凭借胆量和赌性就投身创业的双轨制时代，知识经济时代对"创客"提出了更高的知识和能力要求。那么，教育背景优越的知识精英会更有可能成为"大众创业"的急先锋吗？直觉上，一方面，知识精英拥有更广泛的就业机会和更可观的工资回报，创业的机会成本较高，这会弱化其自主创业意愿，往往是学而优则仕。另一方面，知识精英具备更强的认知能力去搜寻、甄别和分析创业机会，这会强化其自主创业意愿，即学而优则"市"③。事实上，上述两项逻辑推断均有相应的证据支持。其中，《2015中国劳动力市场发展报告》和《2016安利全球创业报告》均指出，中国创客群体已经开始出现转型，高学历人群正在成长为新生代的创业主力军。不过，《2016中国大学生创业报告》则发现，出身越好（名校）、学历越高的人群，其创业意愿反而越低④。

本文的研究问题是，学历高级化究竟如何影响个体的创业意愿？两者是"或正或负"的线性关系，还是"先正后负"的"倒U型"关系，抑或"先负后正"的"U型"关系？更深层次的追问则是，作用机制是什么？各项机制之间的关系如何？创业托举政策该如何做出响应？这些逻辑递进问题的回答有益于增进公众对创客创业决策及其权衡过程的理解，有助于明确大众创业的主体、探索增进创业意愿的路径、推进创业政策的完善。

二、文献综述与理论框架

（一）文献回顾及其简要评述

在教育获得与个体创业的文献丛林中，既有研究重点考察了教育获得及学历高级化如何影响创业绩效，即教育背景产生的创业回报。仅有为数不多的文献致力于探究教育获得对创业决策的影响及其机制（Van der Sluis et al.，2008；Poschke，2013；Jiménez et al.，2017）。即便如此，教育获得以及学历高级化对职业或创业选择的影响却始终充满争议、尚无定论（Grilo

---

① 资料来源于《2016安利全球创业报告》，该报告针对全球45个国家民众的创业态度和创业行为进行了深入细致的调查研究，详见 http：//tech.sina.com.cn/i/2016-12-16/doc-ifxytqav9512631.shtml。
② 资料来源于北京师范大学劳动力市场研究中心发布的《2015中国劳动力市场发展报告》，报告剖析了2014年中国创新创业大赛743位参赛选手的学历，见 http：//labor.bnu.edu.cn/news/2015/1130/224.html。
③ 市，在汉语中有从事工商业买卖之意，本文在此将其注解为投身于市场从事创业活动。
④ 《2016中国大学生创业报告》由中国人民大学创业学院和商学院联合发布，调查对象覆盖全国1767所高校的43万多名在校或刚毕业大学生，更多介绍见 http：//education.news.cn/2016-12/29/c_129424886.htm。

and Thurik，2008；Parker，2009），实证研究中主要存在"促进说""抑制论"和"非线性关系"三项竞争性假说。

首先，"促进说"主要基于认知能力视角认为教育获得及其高级化会激发创业动机。其中，Shane（2003）以及 Davidsson and Honig（2003）指出，教育获得通过提高人们的认知能力从而增强了创业意愿，由此建立起了教育程度高级化与个体创业意愿之间的正向链条。证据层面，Block et al.（2013）实证考察了欧美 27 国近万名创业人群的个体特征发现，教育程度越高则创业意愿越强，据此认为两者之间存在正向因果关系；赵朋飞等（2015）利用中国家庭金融调查数据研究发现，中国农村居民的创业意愿（创业概率）随着其教育程度的提高而显著增强。较之于前述文献，Van der Sluis et al.（2008）持有的"促进论"显得更为谨慎保守。Van der Sluis et al.（2008）曾采用元分析方法量化研究了教育与创业之间关系的重点文献，结果发现，教育获得对创业抉择的影响在多数情况下并不显著，在教育程度为本科肄业和受过研究训练的情况下存在显著的正向影响。

其次，"抑制论"重点基于损失规避视角认为教育获得及其高级化会降低创业动机。根据 Kihlstrom and Laffont（1979）的不确定条件下的竞争性均衡理论，高风险规避偏好的个体宜从事稳定的工资雇佣型工作，低风险规避偏好的个体宜从事挑战性的企业家创业工作。一般而言，教育获得程度上升通常会增强人力资本的专用性、提高创业失败的成本，同时也增强了风险规避偏好（Jung，2015）。于是，遵循上述逻辑，"抑制论"假说构建起了教育程度高级化负向影响个体创业意愿的链条。证据层面，Lu and Tao（2010）在一项制度环境与个体特征的交互框架下考察了中国创客的创业活动，结果发现，学历高级化提高了人们创业活动不确定性带来的潜在损失，由此降低了人们的创业动机。周京奎、黄征学（2014）的实证工作同样也发现了受教育程度负向地影响个体创业意愿。Jiménez et al.（2017）基于拉美 9 国的面板数据分析发现，中等教育入学率越高时社会创业比率越高，高等教育入学率越高时社会创业比率反而越低，一定程度上验证了教育获得与创业意愿的负向关系。

最后，"非线性关系"假说认为在不同的教育阶段（层级），认知能力与损失规避相伴而生但作用强度不同，教育获得及其高级化对创业动机的影响方式呈现出变化的非线性特征。证据层面，Campbell and De Nardi（2009）利用一项针对创业新人的访谈数据研究发现，受教育水平与创业选择之间呈现明显的"U 型"关系；Poschke（2013）的研究同样发现了两者之间的"U 型"关系，较之于中等教育程度的受访者，低水平和高水平教育程度的受访者均具有更强烈的创业意愿。不过，石丹淅、赖德胜（2013）的研究则显示，美国创客的受教育程度对其创业意愿的影响呈现出显著的"倒 U 型"关系、具有大学本科学历的人群创业意愿最强。Lofstrom et al.（2014）结合产业特征进一步研究发现，受过大学教育的毕业生进入高壁垒行业创业的意愿最强。

文献关于学历高级化对创业意愿的影响之所以莫衷一是，可能的原因在于现有研究尚不清楚两者之间的作用机制究竟为何并且存在明显的认知分歧。梳理现有文献发现，教育获得可以经由两个方面影响创业意愿。首先，在信息获取与分析方面，受教育程度高的知识精英具备更强的信息占有、信息分析和逻辑推断能力（Casson，1995），能够以更低的成本跨越创业的信息门槛与进入壁垒（Kirzner，1979；Gilad et al.，1989；Hartog et al.，2010；Lofstrom et al.，2014；李涛等，2017），进而增强其创业意愿。其次，在风险态度及行为特征方面，受教育程度高的知识精英由于目光较为长远、决策更有耐心，但行动谨小慎微导致其更倾向于规避风险（Harrison et al.，2007；Dohmen et al.，2010；Jung，2015），创业倾向因而受到抑制；反之，受教育程度低的人群更缺乏耐心（Donkers et al.，2001；Hryshko et al.，2011；Benjamin et al.，2013）从而低估风险或者更加偏好风险（Astebro et al.，2014），"无知者无畏"乃至过度自信反倒强化了人们的创业意愿。本文将上述两项作用机制分别称为"认知能力渠道"[①]和"风险态度渠道"。

既有文献关于教育获得对创业决策的影响研究存在一些明显的欠完善之处：首先，对作用机制讨论不足。考虑到机制的复杂性和多样性，多数文献回避了教育获得影响创业决策的作用机理，部分文献在提出理论假说时虽触及机理分析却对竞争性机制考虑不全、也未能对其开展严谨的实证检验，导致逻辑链条与证据链条脱节。其次，对内生性问题考虑不够。现有实证工作多数未能考虑并有效地处理教育经历与创业意愿的反向（双向）因果关系、遗漏能力和风险态度变量、创业决策的自选择效应等各类内生性来源，导致其估计结果是不一致的、有偏的，结论的可靠性存疑。因此，未来的研究工作需要更加全面、广泛、系统地探析教育获得影响创业意愿的逻辑机理，科学、有效地矫正内生性问题对变量之间因果关系的污染，增强因果效应的可识别性。无独有偶，刘志阳、庄欣荷（2018）敏锐地指出，在社会创业定量研究中，需要重点开发中介变量以深入揭示社会创业的内在决定机理，减轻因果关系的模糊性。本文在现有文献的基础上，着重完成了两项补充性工作：其一是构建起了理解教育获得影响创业意愿的集成式并行机制，并利用因果中介效应方法对并行机制进行了检验；其二是采用工具变量方法矫正内生性问题，从而能够更加干净、可靠地识别教育获得对创业意愿的因果性影响。

（二）教育获得对创业意愿的影响机理

本文认为，除却经典的"认知能力渠道"和"风险态度渠道"等决定

[①] 根据认知工程学的信息加工观点（Blomberg，2011），认知能力是指人脑接收、加工、储存、分析和应用信息的能力。

机制，在教育获得影响创业意愿的逻辑链条中，尚存在"机会成本渠道"与"社会资本渠道"两项重要的作用机制，如图 1 所示。

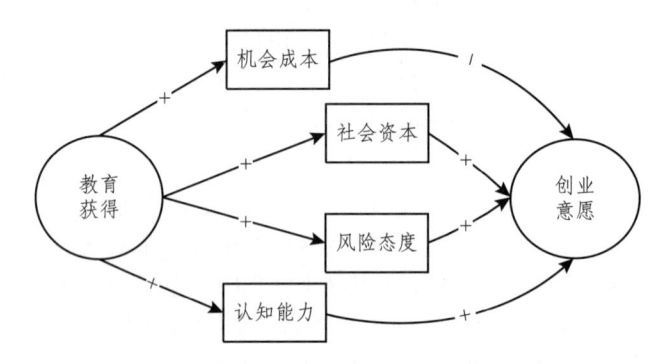

图 1　教育获得影响创业意愿的综合性作用机制

资料来源：笔者绘制。

就"机会成本渠道"而言，受教育层次不同的人群对创业机会成本的感知存在明显的差异。通常，低学历人群的谋生手段和职业选择相对单一、创业的机会成本较低，突破阶层固化的愿景和"光脚不怕穿鞋的"信条会强化其自主创业动机。形成强烈对比的是，受过良好教育的高学历知识精英在劳动力市场的就业优势更为突出，当前选择就业的既得利益高、未来也面临更广的职业机会和更可观的工资回报（Gimeno et al. , 1997；Le, 1999），创业的机会成本自然水涨船高，高学历作为一种羁绊反而会弱化其自主创业意愿。尤为突出的是，中国传统文化肌体内潜藏着反商业活动的基因，职业贵贱的刻板效应长期抑制了知识精英的创业意愿。一项典型事实是，中国的知识精英群体自古秉持"学而优则仕"的就业择业取向，素来抱守"士农工商、士农为优、工商末之"的职业等级划分，乃至对"贱大夫"（商贾）轻蔑地嗤之以鼻，创业意愿低落。与之形成对比的是，低学历人群受到机会成本的阻滞作用低，借用毛泽东同志评价底层人民创新精神的话，受教育程度低的个体"生力旺盛，迷信较少，顾虑少，天不怕、地不怕，敢想敢说敢干。"（中央文献研究室，1997），其创业意愿反而更加强烈。于是，本文推测，教育获得及其高级化经由机会成本渠道会对创业意愿产生负向影响。

就"社会资本渠道"而言，受教育程度高的知识精英除了具有因血缘、亲缘、地缘、趣缘、业缘而形成的一般性社会网络外，还拥有基于学缘变迁汇聚而成的异质性社会网络。高学历人群在历次求学过程中容易融入宽广的学缘社会网络（例如独特的校园关系圈子，涵盖各级同学会、校友会、师门群、留学生联合会、校内社团组织等）、积累凝聚高质的社会资源、缔结各类强联系或弱联系。广泛而深厚的学缘社会资本及互动能为知识精英创业活动提供丰富的外部支持，有助于促进信息共享和社会交换，突破资源障碍、缓解融资约束，结识创业伙伴、优化专长配置、增进信任协作、把握创业窗口，进而增强其创业意愿。几乎众所周知的事实是，中国属于典型的关系嵌入型熟人社会。作为封闭人际网络内的一种担保机制与声誉机制，围绕教育经历形成的学缘亲近性有利于消除人际间心理距离、有效缓解机会主义行为和道德风险、降低创业过程中的隐性成本，强化人们创业意愿。于是，本文推测，教育获得及其高级化经由社会资本渠道会对创业意愿产生正向影响。

值得注意的是，在当前所处的知识经济、智慧经济新时代，创新创业充满高度不确定性与挑战，赋予了经典的"认知能力渠道"和"风险态度渠道"以新内涵、新逻辑。

就"认知能力渠道"而言，知识精英具备更强的认知能力去搜寻、甄别和分析创业机会（Casson，1995），这会强化其自主创业意愿。有别于改革开放伊始市场经济尚不发达、各行各业野蛮生长的双轨制年代，以大数据、人工智能和终生学习为突出特征的知识经济时代，众多商业机会处于深度隐藏或者发掘不完全状态，在知识广度和深度方面均对创客提出了前所未有的要求。知识精英拥有更深厚、更综合的知识储备，能够更高效地分析海量数据、识别价值洼地、捕获投资机会、创新商业模式，这种理性决策方面的比较优势一定程度上会增强其创业意愿。一项直观的理解是，具有强认知能力的高学历人群能够借助理性计算，对技术和市场的变化趋势做出更为准确的诊断与研判，在变化中做出更为及时的应对、趋利避害，从而更有可能投身于创业活动。此外，认知能力强的高学历知识精英在系统化输出、高效学习等其他能力方面往往也会有更加良好的表现，从而能通过以更低的成本获取创业知识（例如接受专门的创业教育）、增强自我效能和创业警觉性等方式提升个体的人力资本积累，激发其创业动机。于是，本文推测，教育获得及其高级化经由认知能力渠道会对创业意愿产生正向影响。

就"风险态度渠道"而言，高学历知识精英的生产可能性曲线高于低学历群体的生产可能性曲线，在边际替代率（安定感对收入）递减的作用下，知识精英为了追求额外收入而愿意放弃更多的安定感（Knight et al.，2003），更有可能投入到创业活动中。与此同时，教育还会对个体的非认知层面（人格特质、激情、情绪、态度和习惯）产生潜移默化的影响，受过高层次教育的知识精英往往具有更强的自我实现动机和更开放的心智模式，不安于现状、不固守陈规、不厌恶风险乃至乐于冒险（Black et al.，2018）。无独有偶，贺建风、陈茜儒（2019）也指出，具备高认知能力的人群（如高学历的知识精英），通常表现出更强的目标自信与笃定的冒险精神，承担创业风险的能力与偏好更强。因此，受教育程度提高可能会增强受教育者的风险偏好进而强化其创业意愿。于是，本文推测，教育获得及其高级化经由风险态度渠道会对创业意愿产生正向影响。

综上，教育获得及其高级化经由上述四项作用机制产生的效应有正有负。于是,以下直观的理论推断或者说研究假设便随之产生:在"机会成本渠道""社会资本渠道""认知能力渠道""风险态度渠道"并行的情境下,学历高级化对个人创业意愿的影响方向是不确定的,其净效应取决于四项渠道作用强度的高低对比。

三、实证分析

（一）模型与变量

本文实证分析模型的被解释变量是创业决策,用二元选择变量 Startup 衡量。其中,取值为 1 表示受访者（作为雇主身份）从事了工商企业创业项目,0 表示未创业;后文的稳健性检验中,采用是否自我雇佣 SelfEmpt 衡量创业决策。本文的核心解释变量是受访者的教育获得状况,采用受教育程度 Edu 衡量。受教育程度的取值范围从 1~9 变化,最低值 1 为文盲,最高值 9 则为博士。基准模型设定为:

$$\text{Startup}_i = \alpha_0 + \beta_1 \text{Edu}_i + \alpha Z_i + \varepsilon_i \tag{1}$$

其中,Z 为一系列控制变量,包含了受访者人口统计特征、家庭背景因素、主观态度和外部环境变量;ε 为随机扰动项。

如前文所述,教育与创业之间潜在的反向因果关系、遗漏能力和风险态度变量、创业行为的自选择效应等内生性来源会造成估计结果有偏且不一致。为此,本文采用工具变量方法对内生性问题进行处理,以期干净地识别教育获得对创业意愿的因果性影响。优良的工具变量须外生于因变量创业决策同时要求其与内生变量教育获得相关。结合相关理论,本文模型利用了三项工具变量。首先,基于人力资本的代际传递理论（Black et al., 2005; Holmlund et al., 2011; 杨娟、何婷婷, 2015）,参照 Ashenfelter and Zimmerman (1997)、Lemke and Rischall (2003)、Mishra and Smyth (2013),本文将受访者父亲的教育程度和母亲的教育程度作为工具变量。其次,依据教育获得行为的同伴效应及其形成机理（Foster, 2006; 宗庆庆、李雪松, 2018）,本文采用 Bayer and Ross (2009) 提供的方法,人工设计与构造了一项工具变量——虚拟朋友圈的平均受教育程度（FriendEdu）。人工构造方法的基本原理如下:基于可观测且相对外生的变量（年龄、性别、区域、户籍、兄弟姐妹数量）将全部样本分成 1188 个组群（3 个年龄组 * 2 个性别组 * 3 个区域组 * 2 个城乡组 * 33 个同辈组）,为组群内的每一个受访者匹配一批与之具有相同特征的虚拟朋友,计算该受访者虚拟朋友圈的平均受教育程度,该平均值就是工具变量的取值。人工构造出来的虚拟朋友圈的平均受教育程度,其理论基础和有效性集中表现在两方面:一方面,根据同质性社会交往理论（Mcpherson et al., 2001; Wu et al., 2017）,个体间通常

"物以类聚，人以群分"并随之产生"近朱者赤，近墨者黑"等同群效应；由于分组后的样本个体具有相似的特征，故每一个受访者的受教育程度与该受访者虚拟朋友的平均教育程度息息相关。另一方面，由于该方法完全基于外生的可观测因素，虚拟朋友圈的平均受教育程度与创业决策方程的随机扰动项无关。

遵循现有文献传统，本文分别控制了受访者的年龄及其平方项（Block and Sandner, 2009）、性别（Lu and Tao, 2010）、婚姻状况（Blanchflower and Oswald, 1998）、家庭资产（Evan and Jovanovich, 1989）等变量。此外，本文额外引入了受访者身体状况、先前工作经验、政治面貌、公平感、对当地治安的评价（安全感）、社会保障、医疗保障、失业保险以进一步控制影响创业意愿的个人特质、家庭特征和制度环境。考虑到创业环境的地区和行业差异性，本文还引入了省份虚拟变量和行业虚拟变量控制省域固定效应和行业固定效应。相关变量的符号及含义见表1。

（二）数据及其处理

本研究所使用的数据来自西南财经大学中国家庭金融调查与研究中心2015年组织发起的"中国家庭金融调查"项目（CHFS2015）。该项调查的问卷项目覆盖范围广，除传统的人口特征、主观态度、家庭资产配置、保险和保障、收入和支出问项外，还涵盖了受访者是否从事个体小手工业经营、企业经营等工商业生产经营项目、自我雇佣以及工作的职业职位信息，适合用以创业决策分析。关于该项调查数据及其应用研究更多、更全面的介绍参见甘犁等（2015）以及甘犁、李运（2014）。为了表述直观，本文对受访者自我报告的身体健康状况、安全感、公平感、风险偏好、对经济与金融信息的关注程度等主观态度指标进行了正向化处理，数值越大表示正向评价越高。

（三）描述性统计

表1给出了主要变量的描述性统计结果及其均值的组间差异。研究样本中约有17.44%的受访者积极投身于工商企业创业项目，说明创业行动在样本观察期内已经渐成规模，由此彰显了"大众创业"号召的必要性。

表1　　　　　　　　　变量的描述性统计

变量名称	变量含义	未创业组观测值	未创业组均值	创业组观测值	创业组均值	组间均值差异
Edu	教育程度（1~9）	91063	3.449	19236	3.649	0.200***
FriendEdu	朋友圈教育程度	91471	3.423	19326	3.775	0.352***
MotEdu	母亲受教育程度	18943	1.801	4774	1.855	0.054***

续表

变量名称	变量含义	未创业组观测值	未创业组均值	创业组观测值	创业组均值	组间均值差异
FatEdu	父亲受教育程度	19509	2.261	4970	2.359	0.097***
Age	年龄	91336	47.89	19304	42.96	-4.933***
Sex	性别（0~1）	91472	0.499	19327	0.503	0.004
BodyCond	健康状况（1~5）	85239	3.413	18482	3.693	0.280***
Married	婚姻状态（0~1）	91472	0.781	19327	0.800	0.019***
WorkExp	工作经验（0~1）	91472	0.947	19327	0.945	-0.002
PolitiCn	党员身份（0~1）	91472	0.436	19327	0.444	0.009**
Asset	家庭资产（对数）	91472	12.52	19327	13.52	1.001***
EndowFd	社会保障（0~1）	91472	0.761	19327	0.688	-0.073***
MedFd	医疗保险（0~1）	91472	0.915	19327	0.882	-0.033***
UnempdFd	失业保险（0~1）	91472	0.769	19327	0.509	-0.261***
SensFairn	公平感（1~5）	48953	3.020	10316	2.901	-0.119***
SensoSec	安全感（1~5）	49380	3.563	10407	3.481	-0.082***

注：*** 表示 $p<0.01$，** 表示 $p<0.05$，* 表示 $p<0.1$，下同。组间均值差异采用创业组均值减去未创业组均值，组间均值差异显著性采用 t 统计量检验。相关变量涉及的问卷及问项见 https://chfs.swufe.edu.cn/datas/DataCenter/Product/ProductDetail? ProductId=1018。

不难发现，在未控制其他变量的情况下，创业人群的受教育程度显著高于非创业人群的受教育程度。同时，创业人群虚拟朋友圈的受教育程度显著高于非创业人群虚拟朋友圈的受教育程度，创业人群父母的受教育程度显著高于非创业人群父母的受教育程度。据此，本文推测教育的代际传递与同群效应存在，这为工具变量的选取与使用提供了初步的证据支持。平均意义上而言，较之于未创业人群，创业人群以已婚者和党员居多、年龄更低、身体更健康；另外，创业人群虽然拥有更加雄厚的家庭资产，但更加缺乏公平感、安全感以及各类保障，一定程度上与企业家群体普遍焦虑的现状相符。考虑到两类人群在上述个体、家庭和社会特征变量方面的显著差异，为了有效识别学历高级化对创业意愿的因果性影响，有必要控制这些变量以开展更加严密的回归分析。

图 2 刻画了创业人群与未创业人群的学历分布及其频数。从中可以发现，在样本观察期内，创业人群的教育获得状况主要集中在初中学历（教育程度等于 3，约 6520 人）。大学本科及以上学历（教育程度大于等于 7）创业者约占 10%（1922 人），大专/高职及以下学历（教育程度小于等于 6）人群构成了创客的主力军，占比为 90.01%。

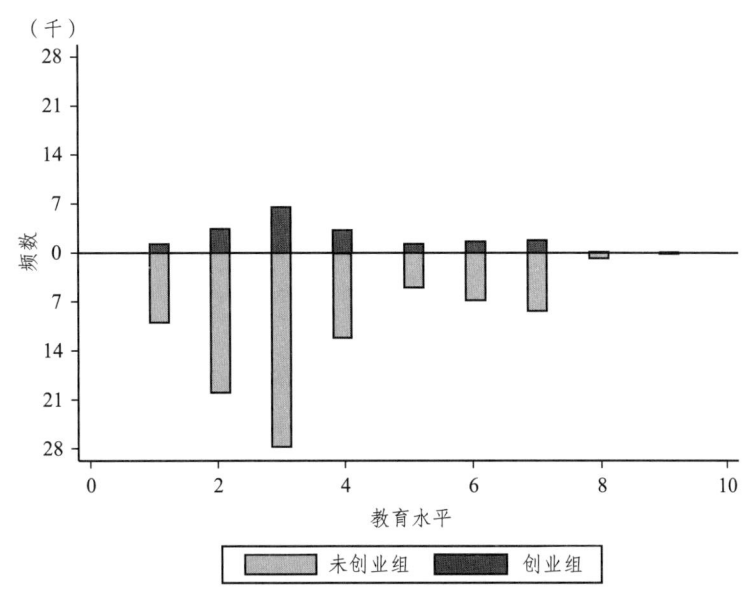

图2 创业人群与未创业人群的教育程度分布

资料来源：笔者绘制。

结合上述图表结果，可以得出一项虽稍显简单、粗略却颇为直观的判断：伴随着学历高级化，人们投身创业活动的意愿可能先升后降。至于教育获得水平的提高（学历高级化）是否会因果性地降低了人们的创业意愿以及究竟是线性地还是非线性地产生影响，还需要在控制更多变量并处理内生性问题的基础上，利用回归分析加以识别。

（四）回归分析

如前文所述，教育获得与创业意愿之间的双向因果关系、遗漏重要不可观测变量（诸如能力、情绪、激情、价值观、亲社会动机等）、创业行为的自选择效应等潜在的内生性来源会污染回归结果。为了矫正内生性问题可能引起的偏差，接下来，本文运用工具变量两阶段回归方法对基准模型（1）进行估计，结果见表2中的（1）。

表2　　　　　　　　　工具变量两阶段回归结果及其稳健性

变量	（1） 基准模型	（2） 考虑教育程度 的非线性影响	（3） 自变量为本 科及以上学历	（4） 因变量为 自我雇佣与否
第二阶段回归				
Edu	-0.2027 *** (0.0346)	0.3420 (0.4862)		-0.6983 *** (0.0508)

续表

变量	(1) 基准模型	(2) 考虑教育程度 的非线性影响	(3) 自变量为本 科及以上学历	(4) 因变量为 自我雇佣与否
EduSqr		−0.0575 (0.0479)		
EliteD			−0.8724*** (0.1131)	
第一阶段回归				
FriendEdu	0.4453*** (0.0282)	0.5572*** (0.0616)		0.4126*** (0.0305)
FrdEdusqr		−0.0134 (0.0105)		
MotEdu	0.0938*** (0.0236)	0.2447*** (0.0333)	0.0158*** (0.0035)	0.0929*** (0.0204)
Medusqr		−0.0229*** (0.0081)		
FatEdu	0.1742*** (0.0132)	0.2052*** (0.0394)	0.0332*** (0.0085)	0.2087*** (0.0143)
Fedusqr		−0.0041 (0.0044)		
FrdElite			0.5937*** (0.0565)	
第一阶段F统计量	189.278	47.280	90.607	189.278
控制变量	YES	YES	YES	YES
Wald 内生性检验卡方值	8.09***	63.75***	3.01*	38.49***
观测值	3596	3596	3600	1880

注：以上结果在Stata15.0中使用ivprobit命令回归得到；*** 表示 $p<0.01$，** 表示 $p<0.05$，* 表示 $p<0.1$；括号内为稳健标准误；第二阶段的基础控制变量与第一阶段的相同，无特别声明，两阶段均同时控制了行业和省份固定效应；为节省篇幅，表格中仅报告了回归系数未报告边际效应，控制变量的回归系数与标准误从略备索；无特别说明，回归系数只保留小数点后四位。下同。

基准模型2SLS的第一阶段回归结果显示，F统计量为189.278，高于经验值10，虚拟朋友圈的平均受教育程度FriendEdu、母亲教育程度MotEdu和父亲教育程度FatEdu均显著为正，说明不存在弱工具变量问题。第二阶段回归结果表明，随着教育层次提高，受访者创业意愿显著地降低，高学历在样本观察期内俨然是人们创业的包袱。这说明高学历的知识精英难以成为大众创业的急先锋，大众创业的伟大实践或以草根创业为主、精英创业为辅。该结论一定程度上印证了李克强总理关于大众创业"高手在民间""要把高端人才与草根创业者结合起来"的论断。对于上述结论与论断的成因，本文在后面的机制分析中，将基于"机会成本渠道""社会资本渠道""认知能力渠道""风险态度渠道"给出可能的解释。

在基准模型回归的基础上，本文依次进行了以下三项稳健性检验①：首先，排除教育获得的非线性影响。引入了教育程度及其二次项作为解释变量，同时额外构造了虚拟朋友圈平均教育程度的平方项 FrdEdusqr、母亲教育程度的平方项 Medusqr 和父亲教育程度的平方项 Fedusqr 作为工具变量，分析教育程度对创业意愿的非线性影响，结果见表 2 中的（2）。第一阶段回归结果显示，工具变量虚拟朋友圈的平均受教育程度及其平方项对应的 F 统计量分别为 47.280，高于经验值 10，说明不存在弱工具变量问题；第二阶段中，解释变量教育程度及其平方项对创业意愿的影响不显著，说明非线性影响不显著。其次，重新界定研究对象的范围。本文将本科及以上学历人群界定为知识精英 EliteD，并按照前述原理构造相应的工具变量 FrdElite，对精炼后的样本重新进行回归得到的结果见表 2 中的（3）。可以发现，精炼样本回归结果与基准模型结果得到的结论一致。最后，拓宽创业活动的口径。本文将创业类型的外延由雇佣他人（生存型创业）拓展到了自我雇佣状态②，从而能够分析教育背景对机会型创业（刘伟等，2018）的影响，对扩展口径后的样本进行回归得到的结果见表 2 中的（4）。可以发现，虽然第二阶段核心解释变量 SelfEmpt 的系数绝对值有所变化，但其符号依然为负，这说明扩展创业活动的外延并不会改变基准模型结论。

此外，考虑到学校层面差距、家庭层面差异和地域层面差别等系列客观因素，本文基于受访者的学位授予地、毕业学校层次、家庭创业传承、家庭决策地位、所在地区、城乡区位进行了异质性分析，进一步分样本考察了学历高级化对创业意愿的因果性影响，回归结果见表 3、表 4 和表 5。

表 3 结果显示，随着教育程度提高，非海归受访者、二本和三本高校毕业的受访者创业意愿显著地降低，这与基准模型结论一致。但是，随着教育程度提高，海归受访者、一本高校毕业的受访者创业意愿却显著地增强。对此，一项可能解释是，毕业于国外高校和国内一本高校的受访者在劳动力市场上的保留效用较高，市场起薪低于受访者保留效用将倒逼其创业。值得指出的是，第一阶段 F 统计量结果显示，海归和一本高校样本的回归存在弱工具变量嫌疑，需谨慎解读与应用该结果。

---

① 此外，本文还利用中国家庭金融调查更早的数据（CHFS2011）进行了稳健性检验，结果同样发现了教育水平高级化对创业意愿的抑制效应，更加凸显了基准模型结论的稳健性。需要特别说明的是，由于 CHFS2011 的问卷缺少父母受教育程度的问项，工具变量回归只使用了虚拟朋友圈的平均受教育程度，结果备索。

② 自我雇佣是指在非农业领域为自己而工作的创业形态（石丹淅、赖德胜，2013）。根据 CHFS2015 问卷的问项，本文所指的自我雇佣涉及经营个体或私营企业、自主创业、开网店、自由职业、从事其他自愿活动。

表 3　　　　　　　　　　学校层面异质性分析结果

变量	学位授予地		学校层次	
	海归	非海归	一本高校	二本和三本高校
Edu	0.9716*** (0.2833)	-2.3481*** (0.3697)	1.8438*** (0.5162)	-0.2023*** (0.0349)
FriendEdu	0.3394*** (0.0645)	0.0316*** (0.0123)	0.0643 (0.1872)	0.4458*** (0.0278)
MotEdu	0.0710*** (0.0184)	0.0131 (0.0082)	-0.1266*** (0.0479)	0.0927*** (0.0244)
FatEdu	-0.0608*** (0.0232)	0.0172*** (0.0056)	0.1236*** (0.0437)	0.1744*** (0.0134)
第一阶段 F 统计量	2.516	11.922	0.416	188.737
控制变量	YES	YES	YES	YES
Wald 内生性检验卡方值	10.80***	117.09***	11.90***	7.96***
观测值	87	1631	49	3594

注：为确保计量回归结果收敛，基于学位授予地的分组回归未控制行业固定效应；基于毕业学校层次的分组回归中，一本院校毕业样本未控制行业固定效应。

理论上，父母的创业行为会通过人力资本渠道和财富资本渠道产生代际传递，创业意愿在不同的家庭创业环境下将呈现差异。表 4 结果显示，随着教育程度提高，缺乏家庭创业传承（父母均未创业）的受访者创业意愿显著地降低，这与基准模型结论一致。但是，具备一定家庭创业传承（父母至少一方创业）的受访者，其创业意愿随教育水平提高而增强的程度并不显著。该结果与朱红根、康兰媛（2014）以及邢芸（2016）的研究发现不同，本文推测可能是样本量过少所致。随着受访者教育程度提高，无论是户主还是非户主，其创业意愿均显著地降低，这与基准模型结论一致。

表 4　　　　　　　　　　家庭层面异质性分析结果

变量	家庭创业传承		家庭决策地位	
	父母至少一方创业	父母均未创业	户主	非户主
Edu	0.7420 (0.6094)	-0.2352*** (0.0449)	-0.1504*** (0.0171)	-0.2525*** (0.0285)
FriendEdu	0.2346 (0.1981)	0.4430*** (0.0304)	0.4066*** (0.0366)	0.4750*** (0.0192)
MotEdu	0.0669* (0.0395)	0.1010*** (0.0283)	0.0768*** (0.0055)	0.1111** (0.0434)

续表

变量	家庭创业传承		家庭决策地位	
	父母至少一方创业	父母均未创业	户主	非户主
FatEdu	0.1073 (0.0824)	0.1757*** (0.0149)	0.1735*** (0.0101)	0.1704*** (0.0503)
第一阶段F统计量	5.516	184.396	96.995	81.531
控制变量	YES	YES	YES	YES
Wald内生性检验卡方值	0.83	10.43***	3.57*	16.18***
观测值	129	3397	2083	1416

表5结果显示，随着教育程度提高，东西部受访者、城镇受访者的创业意愿均显著地降低，这与基准模型结论一致。其中，教育层次高级化产生的创业意愿抑制效应对西部受访者的影响甚于东部受访者，可能成因是西部地区创业机会相对匮乏。教育程度对创业意愿的负向影响在中部受访者样本中不显著，可能原因在于，中部地区人群的创业动机具有显著的"高社会导向性、低个人成就性和低资源驱动性"特征（陈晓红、王慧民，2009），教育程度产生的作用被弱化乃至被抵消。农村地区受访者的创业意愿随着教育程度的提高而显著地增强，这与赵朋飞等（2015）的研究发现一致。直观解释是，农村地区的受访者受到教育的洗礼后思想更加开化（边际效应强），农村缺乏合意的就业机会以及"穷则思变"的生存型动机引导其投身于创业浪潮。

表5 地域层面异质性分析结果

变量	所在地区			城乡区位	
	东部	中部	西部	农村	城镇
Edu	-0.1680*** (0.0539)	-0.1532 (0.1170)	-0.5823*** (0.0322)	0.7718*** (0.0856)	-0.2093*** (0.0430)
FriendEdu	0.3730*** (0.0267)	0.5362*** (0.0938)	0.5155*** (0.0314)	0.8859*** (0.0830)	0.4464*** (0.0576)
MotEdu	0.1336*** (0.0086)	0.0732 (0.0606)	-0.0835 (0.0698)	0.0749*** (0.0257)	0.0901*** (0.0229)
FatEdu	0.1659*** (0.0041)	0.1581*** (0.0420)	0.2347*** (0.0478)	0.0857* (0.0468)	0.1776*** (0.0152)
第一阶段F统计量	120.824	34.335	23.329	21.209	139.928

续表

变量	所在地区			城乡区位	
	东部	中部	西部	农村	城镇
控制变量	YES	YES	YES	YES	YES
Wald 内生性检验卡方值	3.22*	2.89*	56.14***	37.74***	5.58**
观测值	2452	609	465	377	3081

四、机制检验

在回归分析的基础上，本文进一步运用因果中介效应分析方法（Imai and Yamamoto，2013）检验教育获得是否以及如何经由"机会成本渠道""社会资本渠道""认知能力渠道""风险态度渠道"影响创业意愿。不同于结构方程的中介效应方法，因果中介效应分析方法在反事实框架下，通过计算各项渠道的平均因果中介效应（average causal mediation effect，ACME）揭示各项作用机制的方向、强度和显著性，从而更加有效地保证了变量之间因果链条的可识别性，适用于本文的多元机制分析。

$$\begin{aligned}
&\text{ACME}(t \to \text{OpptCosts} \to \text{Startup}) \\
&= E\{\text{Startup}_i[t, \text{OpptCosts}_i(1), \text{Social}_i(t), \text{RiskAtt}_i(t), \text{InfoSA}_i(t)] \\
&\quad - \text{Startup}_i[t, \text{OpptCosts}_i(0), \text{Social}_i(t), \text{RiskAtt}_i(t), \text{InfoSA}_i(t)]\} \quad (2)
\end{aligned}$$

$$\begin{aligned}
&\text{ACME}(t \to \text{Social} \to \text{Startup}) \\
&= E\{\text{Startup}_i[t, \text{OpptCosts}_i(t), \text{Social}_i(1), \text{RiskAtt}_i(t), \text{InfoSA}_i(t)] \\
&\quad - \text{Startup}_i[t, \text{OpptCosts}_i(t), \text{Social}_i(0), \text{RiskAtt}_i(t), \text{InfoSA}_i(t)]\} \quad (3)
\end{aligned}$$

$$\begin{aligned}
&\text{ACME}(t \to \text{RiskAtt} \to \text{Startup}) \\
&= E\{\text{Startup}_i[t, \text{OpptCosts}_i(t), \text{Social}_i(t), \text{RiskAtt}_i(1), \text{InfoSA}_i(t)] \\
&\quad - \text{Startup}_i[t, \text{OpptCosts}_i(t), \text{Social}_i(t), \text{RiskAtt}_i(0), \text{InfoSA}_i(t)]\} \quad (4)
\end{aligned}$$

$$\begin{aligned}
&\text{ACME}(t \to \text{InfoSA} \to \text{Startup}) \\
&= E\{\text{Startup}_i[t, \text{OpptCosts}_i(t), \text{Social}_i(t), \text{RiskAtt}_i(t), \text{InfoSA}_i(1)] \\
&\quad - \text{Startup}_i[t, \text{OpptCosts}_i(t), \text{Social}_i(t), \text{RiskAtt}_i(t), \text{InfoSA}_i(0)]\} \quad (5)
\end{aligned}$$

其中，t 为教育获得的处理状态变量（潜变量）；OppCosts 为机会成本，用受访者虚拟朋友圈的平均收入来间接衡量；Social 为社会资本，用受访者在传统佳节等场合下收到的红包金额衡量（马光荣、杨恩艳，2011；胡金焱、张博，2014；苗莉、何良兴，2015；周广肃、樊纲，2018）；RiskAtt 为风险态度，用受访者在虚拟投资场景下的主观风险倾向衡量（吴一平、王健，2015；陈其进，2015；张秀娥、张坤，2018）（问项为"如果您有一笔资产，您愿意选择哪种投资项目？"，答项数值正向化处理后越高表示风险偏好程度越强。）；InfoSA 为认知能力，用受访者平时对经济、金融方面的信息关注程度来衡量。各项机制的平均因果中介效应估计结果见表6。

表6 平均因果中介效应及其敏感性

作用渠道与影响组别	平均因果中介效应估计值	95%置信区间下限	95%置信区间上限
机会成本渠道			
低学历组	−0.01050***	−0.01344	−0.00762
高学历组	−0.01024***	−0.01316	−0.00739
平均	−0.01037***	−0.01330	−0.00751
社会资本渠道			
低学历组	0.00011**	0.00002	0.00023
高学历组	0.00010**	0.00002	0.00022
平均	0.00011**	0.00002	0.00023
风险态度渠道			
低学历组	0.00117***	0.00096	0.00141
高学历组	0.00112***	0.00091	0.00133
平均	0.00114***	0.00093	0.00137
认知能力渠道			
低学历组	0.00146***	0.00108	0.00182
高学历组	0.00138***	0.00103	0.00173
平均	0.00142***	0.00105	0.00178

注：平均因果中介效应（ACME）的估计值是在R软件中模拟1000次后得到的结果，使用的软件包是mediation。有些系数较为接近，为确保系数区别，此处小数点后保留了五位。

表6所给出的四项机制结果共同解释了教育层次高级化对创业意愿的抑制作用。在方向上，教育获得程度上升通过机会成本渠道显著降低了受访者的创业意愿，通过社会资本渠道、风险态度渠道、认知能力渠道显著提高了受访者的创业意愿。在强度上，由于机会成本渠道的平均负向效应（−0.01037）强于社会资本渠道、风险态度渠道和认知能力渠道三者的平均正向效应之和（0.00267），学历高级化对受访者创业意愿的净效应表现为负。

需要说明的是，因果中介效应分析要求满足序贯可忽略假设。所谓序贯可忽略假设指的是潜在结果变量和潜在中介变量条件独立于核心解释变量、观测到的结果变量条件独立于观测到的中介变量。然而，序贯可忽略假设无法基于数据进行检验，只能采用妥协的办法考察结果的敏感性，即讨论平均因果中介效应如何随着rho（中介方程残差与主效应方程残差的相关系数）而变化（Imai and Yamamoto，2013）。四项传导机制的敏感性见图3。

图 3 机制敏感性

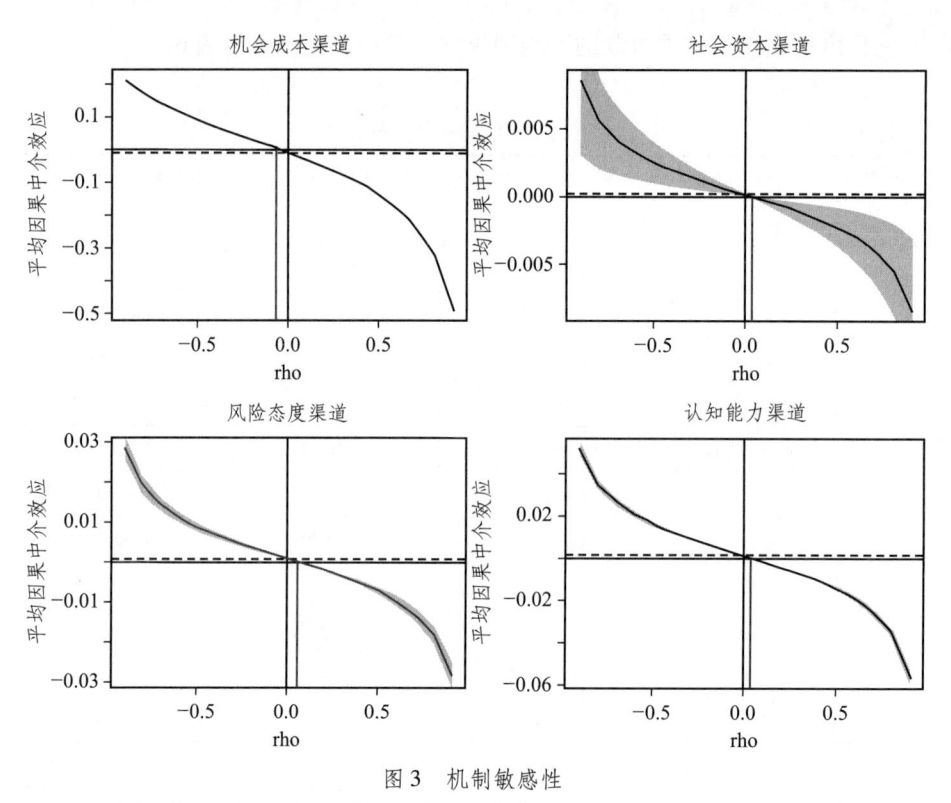

注：为节省篇幅，本文只提供了创业人群样本的机制敏感图。
资料来源：在 R 软件中利用软件包 mediation 模拟得到各渠道的敏感性图，组合后形成上图。

以机会成本渠道为例，当序贯可忽略假设成立时（rho = 0），该渠道的平均因果中介效应为 − 0. 01037；若违反假设且中介方程残差与主效应方程残差的相关系数 rho = − 0.1 时，平均因果效应等于零，这意味着机会成本渠道未能发挥传导作用；当 − 0.1 < rho < 1 时，机会成本渠道的平均因果效应符号始终保持为负。其他传导渠道的敏感性分析类似，不再赘述。

五、结论与启示

进入创新驱动的知识经济时代，学而优则"市"吗？即高学历知识精英能否在大众创业浪潮中成长为新生代创业主力军？为了回答该问题，本文实证分析了教育获得及学历高级化对创业意愿的因果性影响及其作用机制。基准模型结果发现，教育获得程度提高（教育层次高级化）因果性地降低了人们的创业意愿，学历越高的知识精英越不大可能成为大众创业的急先锋，该结论在一系列稳健性检验中均成立。异质性分析结果显示，学历高级化对非海归群体、二本和三本高校毕业群体、缺乏家庭创业传承（父母均未创业）群体、东西部群体、城镇群体的创业意愿产生了抑制效应，对海归群体、一本高校毕业群体、农村地区人群的创业意愿则产生了强化效应。机制分析表明，教育获得经由"机会成本渠道""社会资本渠道""认知能力渠道""风险态度渠道"构成的平行机制作用于创业意愿，且由于"机会成本渠道"的负向效应强于后三者的正向效应之和，学历高级化抑制了人们的创业意愿。

研究结论对明确大众创业的主体、探索增进创业意愿的路径、推进创业政策的完善具有启发意义。就大众创业的主体而言，本科及以上高学历知识精英创业意愿相对低迷、难以担当创业先锋大任，大众创业主力军更有可能在中专/职高及以下学历人群中涌现。大众创业的或以草根创业为主、精英创业为辅，该结论一定程度上印证了李克强总理关于大众创业"高手在民间""要把高端人才与草根创业者结合起来"的论断。因此，在推进大众创业的伟大实践中，需要果断地摒弃唯学历论，英雄不问出处。广泛动员并重点激励有梦想、有能力的中等学历人群应势而动、乘势而上、顺势而为，投身于大众创业的历史机遇。同时，务必坚决地反对"读书无用论"倾向，积极创造条件激励知识精英参与大众创业。可以明确的是，当前抑制高学历知识精英创业意愿的关键因素及渠道（路径）是机会成本。作为针对机会成本障碍的应对之策，需要加快推动公共服务和社会福利在行业间、职业间、地区间的均等化，破除人才自由流动的制度障碍、消除潜在的隐性福利损失，有序引导党政机关、国有企事业单位的高学历知识精英向各行业顺畅流动，以社会网络、专业知识和经验服务于创业企业；鼓励科研型知识精英将研究成果、技术专利等知识型产品产权转让给创业大众，帮助一批富有创业精神、勇于承担风险、认知能力出众的草根创客成长为大众创业的千里马、弄潮儿和急先锋。

参 考 文 献

[1] 陈其进：《风险偏好对创业选择的异质性影响——基于 RUMIC 2009 数据的实证研究》，载《人口与经济》2015 年第 2 期。

[2] 陈晓红、王慧民：《我国不同地区的创业特征比较研究》，载《中国软科学》2009 年第 7 期。

[3] 甘犁、李运：《中国农村家庭金融发展报告2014》，西南财经大学出版社 2014 年版。

[4] 甘犁、尹志超、谭继军：《中国家庭金融调查报告2014》，西南财经大学出版社 2015 年版。

[5] 贺建风、陈茜儒：《认知能力，社会网络与创业选择》，载《世界经济文汇》2019 年第 4 期。

[6] 胡金焱、张博：《社会网络，民间融资与家庭创业——基于中国城乡差异的实证分析》，载《金融研究》2014 年第 10 期。

[7] 李涛、朱俊兵、伏霖：《聪明人更愿意创业吗？——来自中国的经验发现》，载《经济研究》2017 年第 3 期。

[8] 刘伟、雍旻、邓睿:《从生存型创业到机会型创业的跃迁——基于农民创业到农业创业的多案例研究》,载《中国软科学》2018 年第 6 期。

[9] 刘志阳、庄欣荷:《社会创业定量研究:文献述评与研究框架》,载《研究与发展管理》2018 年第 2 期。

[10] 马光荣、杨恩艳:《社会网络,非正规金融与创业》,载《经济研究》2011 年第 3 期。

[11] 苗莉、何良兴:《草根创业者社会网络对创业机会识别的影响及机理》,载《财经问题研究》2015 年第 8 期。

[12] 石丹淅、赖德胜:《自我雇佣问题研究进展》,载《经济学动态》2013 年第 10 期。

[13] 吴一平、王健:《制度环境,政治网络与创业:来自转型国家的证据》,载《经济研究》2015 年第 8 期。

[14] 邢芸:《父辈创业对子代创业机会有影响吗?》,载《教育经济评论》2016 年第 4 期。

[15] 杨娟、何婷婷:《教育的代际流动性》,载《世界经济文汇》2015 年第 3 期。

[16] 张秀娥、张坤:《先前经验与社会创业意愿——自我超越价值观和风险倾向的中介作用》,载《科学学与科学技术管理》2018 年第 2 期。

[17] 赵朋飞、王宏健、赵曦:《人力资本对城乡家庭创业的差异影响研究——基于 CHFS 调查数据的实证分析》,载《人口与经济》2015 年第 3 期。

[18] 中央文献研究室:《毛泽东读文史古籍批语集》,中央文献出版社 1997 年版。

[19] 周广肃、樊纲:《互联网使用与家庭创业选择——来自 CFPS 数据的验证》,载《经济评论》2018 年第 5 期。

[20] 周京奎、黄征学:《住房制度改革,流动性约束与"下海"创业选择——理论与中国的经验研究》,载《经济研究》2014 年第 3 期。

[21] 朱红根、康兰媛:《农民创业代际传递的理论与实证分析——来自江西 35 县(市)1716 份样本证据》,载《财贸研究》2014 年第 4 期。

[22] 宗庆庆、李雪松:《基础教育中的同伴效应估计》,载《财经研究》2018 年第 7 期。

[23] Ashenfelter, O. and Zimmerman, D. J., 1997: Estimates of the Returns to Schooling from Sibling Data: Fathers, Sons, and Brothers, *Review of Economics and Statistics*, Vol. 79, No. 1.

[24] Astebro, T., Herz, H., Nanda, R., and Weber, R. A., 2014: Seeking the Roots of Entrepreneurship: Insights from Behavioral Economics, *Journal of Economic Perspectives*, Vol. 28, No. 3.

[25] Bayer, P. J. and Ross, S. L., 2009: Identifying Individual and Group Effects in the Presence of Sorting: A Neighborhood Effects Application, *NBER Working Paper*, No. 12211.

[26] Benjamin, D. J., Brown, S. A., and Shapiro, J. M., 2013: Who Is 'Behavioral'? Cognitive Ability and Anomalous Preferences, *Journal of the European Economic Association*, Vol. 11, No. 6.

[27] Black, S. E., Devereux, P. J, and Salvanes, K. G., 2005: Why the Apple Doesn't Fall Far: Understanding Intergenerational Transmission of Human Capital, *American Economic Review*, Vol. 95, No. 1.

[28] Black, S. E., Devereux, P. J., Lundborg, P., and Majlesi, K., 2018: Learning to take Risks? The Effect of Education on Risk – Taking in Financial Markets, *Review of Finance*, Vol. 22, No. 3.

[29] Blanchflower, D. G. and Oswald, A. J., 1998: What Makes an Entrepreneur?, *Journal of Labor Economics*, Vol. 16, No. 1.

[30] Block, J. H. and Sandner, P., 2009: Necessity and Opportunity Entrepreneurs and Their Duration in Self – Employment: Evidence from German Micro Data, *Journal of Industry, Competition and Trade*, Vol. 9, No. 2.

[31] Block, J. H., Hoogerheide, L., and Thurik, R., 2013: Education and Entrepreneurial Choice: An Instrumental Variables Analysis, *International Small Business Journal*, Vol. 31, No. 1.

[32] Blomberg, O., 2011: Concepts of Cognition for Cognitive Engineering, *International Journal of Aviation Psychology*, Vol. 21, No. 1.

[33] Campbell, J. R. and De Nardi, M., 2009: A Conversation with 590 Nascent Entrepreneurs, *Annals of Finance*, Vol. 5, No. 3 – 4.

[34] Casson, M., 1995: *Entrepreneurship and Business Culture*, Aldershot: Edward Elgar Publishing.

[35] Davidsson, P. and Honig, B., 2003: The Role of Social and Human Capital among Nascent Entrepreneurs, *Journal of Business Venturing*, Vol. 18, No. 3.

[36] Dohmen, T., Falk, A., Huffman, D., and Sunde, U., 2010: Are Risk Aversion and Impatience Related to Cognitive Ability?, *American Economic Review*, Vol. 100, No. 3.

[37] Donkers, B., Melenberg, B., and Van Soes, A., 2001: Estimating Risk Attitudes Using Lotteries: A Large Sample Approach, *Journal of Risk and Uncertainty*, Vol. 22, No. 2.

[38] Evan, D. S. and Jovanovich, B., 1989: An Estimated Model of Entrepreneurial Choice under Liquidity Constrains, *Journal of Political Economy*, Vol. 97, No. 4.

[39] Foster, G., 2006: It's not Your Peers, and It's not Your Friends: Some Progress Toward Understanding the Educational Peer Effect Mechanism, *Journal of Public Economics*, Vol. 90, No. 8 – 9.

[40] Gilad, B., Kaish, S., and Ronen, J., 1989: Information, Search, and Entrepreneurship: A Pilot Study, *Journal of Behavioral Economics*, Vol. 18, No. 3.

[41] Gimeno, J., Folta, T., Cooper, A. C., and Woo, C. Y., 1997: Survival of the Fittest? Entrepreneurial Human Capital and the Persistence of Underperforming Firms, *Administrative Science Quarterly*, Vol. 42, No. 4.

[42] Grilo, I. and Thurik, A. R., 2008: Determinants of Entrepreneurial Engagement Levels in Europe and the US, *Industrial and Corporate Change*, Vol. 17, No. 6.

[43] Harrison, G. W., List, J. A., and Towe, C., 2007: Naturally Occurring Preferences and Exogenous Laboratory Experiments: A Case Study of Risk Aversion, *Econometrica*, Vol. 75, No. 2.

[44] Hartog, J., Van Praag, M., and Van Der Sluis, J., 2010: If You Are So Smart,

Why Aren't You an Entrepreneur? Returns to Cognitive and Social Ability: Entrepreneurs versus Employees, *Journal of Economics & Management Strategy*, Vol. 19, No. 4.

[45] Holmlund, H., Lindahl, M., and Plug, E., 2011: The Causal Effect of Parents' Schooling on Children's Schooling: A Comparison of Estimation Methods, *Journal of Economic Literature*, Vol. 49, No. 3.

[46] Hryshko, D., Luengo-Prado, M. J., and Sørensen, B. E., 2011: Childhood Determinants of Risk Aversion: The Long Shadow of Compulsory Education, *Quantitative Economics*, Vol. 2, No. 1.

[47] Imai, K. and Yamamoto, T., 2013: Identification and Sensitivity Analysis for Multiple Causal Mechanisms: Revisiting Evidence from Framing Experiments, *Political Analysis*, Vol. 9, No. 2.

[48] Jiménez, A., Matos, R. F., Palmero-CÁ¡mara, C., and Ragland, D., 2017: Enrolment in Education and Entrepreneurship in Latin America: A Multi-country Study, *European Journal of International Management*, Vol. 11, No. 3.

[49] Jung, S., 2015: Does Education Affect Risk Aversion? Evidence from the British Education Reform, *Applied Economics*, Vol. 47, No. 28.

[50] Kihlstrom, R. E. and Laffont, J. J., 1979: A General Equilibrium Theory of Firm Formation Based on Risk Aversion, *Journal of Political Economy*, Vol. 87, No. 4.

[51] Kirzner, I. M., 1979: *Perception, Opportunity, and Profit*, Chicago: The University of Chicago Press.

[52] Knight, J., Weir, S., and Woldehanna, T., 2003: The Role of Education in Facilitating Risk-Taking and Innovation in Agriculture, *The Journal of Development Studies*, Vol. 39, No. 6.

[53] Le, A., 1999: Empirical Studies of Self-employment, *Journal of Economic Surveys*, Vol. 13, No. 4.

[54] Lemke, R. J. and Rischall, I. C., 2003: Skill, Parental Income, and IV Estimation of the Returns to Schooling, *Applied Economics Letters*, Vol. 10, No. 5.

[55] Lofstrom, M., Bates, T., and Parker, S. C., 2014: Why Are Some People More Likely to Become Small-businesses Owners than Others: Entrepreneurship Entry and Industry-specific Barriers, *Journal of Business Venturing*, Vol. 29, No. 2.

[56] Lu, J. and Tao, Z., 2010: Determinants of Entrepreneurial Activities in China, *Journal of Business Venturing*, Vol. 25, No. 3.

[57] McPherson, M., Smith-Lovin, L., and Cook, J. M., 2001: Birds of a Feather: Homophily in Social Networks, *Annual Review of Sociology*, Vol. 27, No. 1.

[58] Mishra, V. and Smyth, R., 2013: Economic Returns to Schooling for China's Korean Minority, *Journal of Asian Economics*, Vol. 24.

[59] Parker, S. C., 2009: *The Economics of Entrepreneurship* (2nd edn), Cambridge: Cambridge University Press.

[60] Poschke, M., 2013: Who Becomes an Entrepreneur? Labor Market Prospects and Occupational Choice, *Journal of Economic Dynamics and Control*, Vol. 37, No. 3.

[61] Shane, S. A., 2003: *A General Theory of Entrepreneurship: The Individual-Opportunity*

[62] Van der Sluis, J., Van Praag, M., and Vijverberg, W., 2008: Education and Entrepreneurship Selection and Performance: A Review of the Empirical Literature, *Journal of Economic Surveys*, Vol. 22, No. 5.

[63] Wu, Y., Schwartz, A., Stillwell, D., and Kosinski, M., 2017: Birds of a Feather Do Flock Together: Behavior – Based Personality – Assessment Method Reveals Personality Similarity among Couples and Friends, *Psychological Science*, Vol. 28, No. 3.

Is a Good Learner More Likely to Become an Entrepreneur?

—A Study on the Impact and Mechanism of Higher Education Attainment on Entrepreneurship

Lianying Fu   Pinliang Luo

Abstract: The impact of higher education attainment on entrepreneurship was analyzed through four channels, i.e. opportunity cost, social capital, cognitive ability and risk attitude. Both China Family Finance Survey data and Causal Mediation Effect Analysis method were employed to identify the causality between education attainment and entrepreneurial willingness. The benchmark model suggests a negative causal effect of education attainment on entrepreneurial willingness, and the negative effect is robust to various checks. Results of heterogeneity analysis show that higher education attainments have a suppressive effect on the entrepreneurial willingness of the eastern, the western, the urban, the students with non-overseas degrees, the graduates from the second and third batch of universities and those short of family entrepreneurship, but have a positive effect on that of the rural, the students with overseas degrees and the domestic graduates from the first batch of universities. Findings of causal mediation effect analysis suggest that the impact of education attainment on entrepreneurship is precisely through the parallel mechanism of opportunity cost, social capital, cognitive ability and risk attitude. Since the negative magnitude of opportunity cost is much stronger than the aggregated positive magnitude of the latter three, the net effect of higher education attainment on entrepreneurship is negative. The conclusions of this study are instructive for clarifying the main body of mass entrepreneurship and promoting the improvement of entrepreneurial policies.

Key Words: Education Attainment Entrepreneurial Willingness Opportunity Cost Social Capital Cognitive Ability Risk Attitude

JEL Classification: I20 J23 J24 M13

比较优势陷阱、创新偏差与后发大国全球价值链突破

——一个新的理论视角与经验证据

石军伟[*]

摘　要：本文构建了国家"等竞争优势曲线"模型，分析了发达国家主导的全球价值链治理机制使后发大国陷入"比较优势陷阱"的理论机理。其中，发达国家对先进技术转移的阻断带来的"产业消解"是后发国家陷入全球价值链突破困境的现实基础。论文提出了"创新偏差"这一工具性概念，构建了后发大国突破全球价值链的非线性路径空间，并从政策导向、市场需求、技术差距、组织战略等多个层次论述了后发大国新兴产业"创新偏差"的决定机制。对通信设备制造业代表企业——中国华为技术有限公司全球价值链创新突破实践进行了案例研究，结果证明了该框架的有效性。本文建议后发大国应该摆脱传统的线性升级路径，通过有效培育本土市场需求、积极建设产业基础技术体系、持续的技术研发投资、构建"双引擎模式"、世界级的管理创新体系等多元途径，不断积聚破坏性创新能力，缩短创新偏差，提升非价格竞争力，最终成功实现全球价值链突破。

关键词：比较优势陷阱　创新偏差　全球价值链　华为　后发大国

一、引　言

工业化和自主创新是发展中国家追赶发达国家的必由之路。为了能够使国民经济快速渡过工业化的"起飞"阶段，不少发展中国家选择直接吸收外国直接投资、依托出口产业发展本土配套体系、以代工方式切入全球价值链（GVC）。这虽然在一定程度上的确缩短了工业起飞的时间且促进了新兴产业部门的发展，但也带来非常明显的负面效应：当进一步推动工业化进程时，后发大国发现自己已陷入发达国家主导的"全球价值链陷阱"（Schmitz，2006；刘志彪、张杰，2007），被"锁定"（lock-in）在低端环节，以至于无

---

[*] 本文的早期版本曾在南京大学"新时代中国企业国际化创新创业研讨会"（2019）、IAC-MR2014年会等会议报告过，感谢与会代表提出的建设性意见。本项研究受到了中南财经政法大学中央基本科研业务费科研培育项目"中国制造业关键技术创新突破路径研究"资助，特此感谢！
感谢审稿人的建议！
石军伟：中南财经政法大学现代产业经济研究中心；地址：武汉市南湖大道182号，邮编430073；Email：jwshi@zuel.edu.cn；jw.shi@163.com。

法升级、无法获得发达国家控制同时也拒绝扩散的最先进关键技术。这种全球价值链"俘获"现象，不仅发生在后发国家的传统工业部门，发展中国家的新兴产业大部分也难以幸免（Kadarusman and Nadvi，2013；黄永春等，2014）。对此，已有文献多基于全球价值链治理与学习机制理论（Gereffi et al.，2005），围绕知识转移、技术吸收能力（如陶锋、李诗田，2008；Morrison et al.，2008）、技术差距（如欧阳峣等，2012）、国家价值链（NVC，刘志彪、张杰，2007；黄永春等，2014）、全球价值链分工地位提升（王玉燕等，2014；余振等，2018）等方面进行了较系统的研究，但在如何突破全球价值链"锁定"的战略路径设计等方面依然还有许多问题没有得到很好的解决。

与其他发展中国家一样，中国加入全球价值链的主要目的是通过更好地借助国际分工体系培育本国新兴产业的创新生态系统和技术创新水平，进而提升国家竞争优势。但是，在目前"工艺升级—产品升级—功能升级—链的升级"（Humphrey and Schmitz，2002）路径中，由于掌握核心技术的发达大国采取了技术封锁策略，作为一个后发大国，中国在许多产业领域依然面临着"升级路径不通"的困境。这显然与中国最初加入全球价值链的初衷背道而驰。在近年来"逆全球化"浪潮（佟家栋、谢丹阳，2017；Xu，2017；戴翔、张二震，2018）再度兴起的背景下，中国的新兴产业在创新发展过程中面临的挑战日益严峻。以中国的实践为例进行反思，在诸多挑战中，如下三个问题可能是非常直观的：为什么后发国家依靠比较优势加入全球价值链分工，最终面临的却是"比较优势陷阱"？后发国家的创新活动到底存在什么样的难题，使得自己的长期被"锁定"在全球价值链的低端？后发国家到底如何做才能够培育出自己的全球价值链领军企业，来突破发达国家的技术封锁？如何系统剖析这些重大问题背后的理论机理、识别主要原因并探讨后发国家的创新突破路径，是当前亟待解决的根本性问题。

本文试图在如下三个方面做出努力：一是构建了大国"等竞争优势"框架来分析后发大国面临全球分工困境的根本原因，解构了后发国家"比较优势陷阱"的形成与动态演化机制；二是提出"创新偏差"这个工具性概念，构建了一个后发大国全球价值链突破的路径选择空间框架，从宏观政策与微观组织相结合的视角来剖析后发大国新兴产业遭遇"全球价值链锁定"困境的微观机理，解释了后发国家新兴产业的突破路径选择问题；三是通过中国通信设备制造业领军企业华为公司的 GVC 突破实践案例验证了相关命题。最后，本文提出了后发大国新兴产业突破全球价值链锁定、实现创新发展，进而构建国家竞争优势的政策建议。

二、"比较优势陷阱"的一个新分析框架

所谓"比较优势陷阱"，主要指一个国家在生产低技术、资源密集型或

劳动密集型的初级产品时拥有比较优势，但在生产复杂技术、资本密集型的中高级产品时处于不利地位的情况。国内早期的文献集中讨论是否存在比较优势陷阱（洪银兴，1997；李辉文，2004），近期的文献则关心中国是否落入了比较优势陷阱（刘涛雄、周碧华，2012；杨高举、黄先海，2014）以及中国是否能够跨越比较优势陷阱（陆文聪、许为，2015；陆善勇、叶颖，2019），各种文献的观点远未达成一致。不过，如何从全球价值链地位竞争过程的视角来解构后发大国比较优势陷阱的形成与演化机制，在现有文献中尚没有被很好地回答。

在全球价值链竞争的时代背景下，一个国家之所以被称为大国，意味着他对世界分工体系（或至少是某个方面）会产生重要的影响力。所以，大国应该是国际市场竞争过程中的"价格制定者"，而不应该仅仅是价格的接受者（郑捷，2007），否则，就只能称为自然属性（人口、面积、资源等）意义上的大国。相应地，我们可以把拥有国际市场定价权或规则制定权的大国称为发达大国[1]，把尚未掌握或正在努力掌握定价权或规则制定权的大国称为后发大国。对发达大国而言，它会在行为方式上体现出对国际分工体系的控制能力或某种全球市场的垄断势力，占据较高的分工地位，而这就外显为一个大国的竞争优势。若从生产活动的视角来看，"某种全球市场"其实就是一个相对完整的产业体系，垄断势力或控制能力其实就是对某一产业体系治理规则的制定权力。因此，大国的竞争优势，归根到底来源于该国企业（群体）在全球分工体系中所拥有的竞争优势（Porter, 1990），实质是一国企业对该产业领域全球价值链的控制能力。

依据上述的逻辑，我们需要解释的是，后发大国在依靠比较优势加入全球分工体系的基本目的，是为了发展仅靠其自身能力无法在短期内发展起来的新兴产业[2]，进而通过出口产业的引入以实现该国的产业升级（张其仔，2008），但为何却最终落入了"比较优势陷阱"？这首先需要理解全球化分工的总体格局。与掌握核心技术的发达国家相比，中国等后发国家的企业参与全球价值链分工时，普遍缺乏关键技术与核心技术，创新资源的积累也相对较少。在全球分工体系中，发达国家的先发企业较早确立了产业的主导技术范式与关键技术演化轨道，并占据了主流市场（朱瑞博等，2011）。后发国家的企业在追赶发达国家过程中，主要途径有两类：一是通过成本优势或价格优势进行市场占有率追赶，二是通过创新资源积累进行技术能力追赶（朱

---

[1] 当然，如果一个国家在某类国际市场拥有了稳固的定价权，那它就是这类国际市场上的相对大国，比如瑞士。当一个国家拥有的这样市场越来越多时，那它就会成为拥有大国产业的发达大国，如德国与美国。但限于篇幅，我们对此不做展开论述。

[2] 不同于传统工业，世界范围内的新兴产业一般指处于起步阶段、尚未进入成熟期的产业。在这些产业中，后发国家虽然与发达国家仍然存在差距，但在很多技术领域近乎处在同一起跑线（黄永春等，2014）。

瑞博等，2011），这是由其所拥有的比较优势所决定的。当后发国家基于初始资源禀赋的比较优势随着全球化进程而逐渐弱化甚至消失时，技术能力相对于价格因素的重要性将变得越来越具有决定作用。

现在我们来分析一个具体问题：大国的控制能力从何而来？我们认为，虽然大国竞争优势最终表现为对国际市场价格的制定权，但这种竞争优势主要建立在价格要素与非价格要素这两大类要素综合作用的基础上。其中，价格优势主要来源于资源丰富而带来的低成本等方面，非价格要素虽然以产品研究开发与技术创新为主，但同时也包括了管理体系、组织架构、关键技术限制、行业标准、并购、国家政治、国家规制政策、制度甚至军事力量因素。那么，这两大要素[1]的内部结构及其演化肯定会对一国竞争优势带来关键影响。基于此，借鉴经济学理论中经典的等产量曲线、无差异曲线模型，我们可以构建出大国竞争过程的"等竞争优势曲线"[2]（见图1），来解释后发大国竞争优势的演变规律。

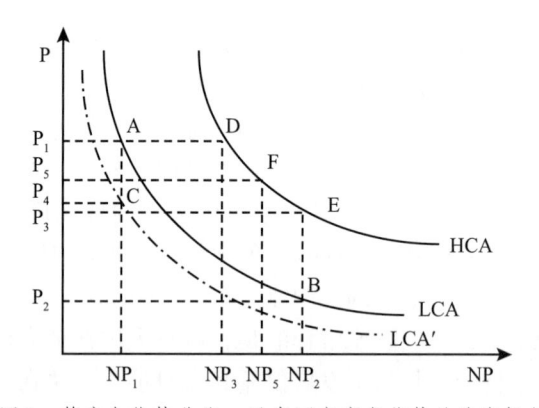

图1 等竞争优势曲线：后发国家竞争优势的决定机制

---

[1] 由于追随企业与领先企业之间的竞争过程过于复杂，很难从数据或竞争策略方面明确辨识具体非价格要素的内部结构和作用结构。
[2] 需要说明的是，我们假定一国的要素禀赋在短期不变，但对不同决策主体（企业或政府）来说，他们能够选择的要素组合空间是适当可变的。此外，还假定在长期，一国的要素禀赋是可变的，因此，决策主体（企业或政府）在长期可以选择不同的生产要素组合。理论上讲，等产量曲线是决策主体（厂商）自由选择两个坐标轴上不同生产要素进行组合所形成的结果。因此，严格意义上来说，一个后发国家在短期内可能受制于资源禀赋而无法"自由地"组合各种生产要素以改变自身的竞争优势，但其主动改变其资源禀赋的动机是肯定存在的。在长期，后发国家资源禀赋结构的改变其实正是该国政府和企业主动选择的结果。加入国际分工体系，会降低国外生产要素（尤其是资本）流入后发国家的障碍，资本也将变得更便宜，后发国家可获得的资本量将增加；同时，在加入全球价值链后，后发国家的人力资本水平也会得到很大程度上的改善，这一方面得益于外资流入的溢出效应，另一方面是后发国家提供足够的人力资本投资激励，让更多的本土劳动力努力学习，提升了对人力资本的投资水平。所以，应用等产量曲线的模型框架来分析后发国家的竞争优势的演化机制，是完全可行的。感谢匿名审稿专家提出的宝贵意见，使我们能够更严谨、清晰地完善本分析框架的逻辑前提。

在图1中，纵坐标代表基于价格要素的优势，简称为价格竞争力（P），横坐标为基于非价格要素的优势，简称为非价格竞争力（NP）。LCA曲线代表较低水平的竞争优势（低的全球分工地位），HCA曲线代表较高水平的竞争优势（高的全球分工地位）。等竞争优势曲线越往右上方移动，说明一国的竞争优势越强，在全球分工体系中的地位越高。依据前文解释与等竞争优势曲线的基本定义，达到LCA水平竞争优势的要素组合有很多种，可以代表不同国家达到同等水平竞争优势所选择的发展模式。我们选择两种代表性组合：A点所示的（P_1，NP_1）与B点所示的（P_2，NP_2）。A点是更高的价格竞争力配以较低的非价格竞争力，代表的是生产要素成本低廉从而价格竞争力明显的A国家；B点则相反，是更高的非价格竞争力配以较低的价格竞争力，代表的是非价格生产要素发达从而非价格竞争力强大的B国家。在LCA曲线上，两国的竞争优势或全球分工体系中的地位是相同水平的。但是，A国如果想要进一步提升国家竞争优势或全球分工地位，就必须在保证价格竞争力基本不变的条件下通过提升非价格竞争力，才有可能到达更高水平等竞争优势线上的D（P_1，NP_3）点。同理，若B国想要进一步提升国家竞争优势，则必须在保证非价格竞争力不变的情况下通过提升价格竞争力到E点（P_3，NP_2）。当然，两者也可以通过F组合（P_5，NP_5）实现竞争优势的提升，即对A国家来说，降低价格竞争力，选择$P_5 < P_1$，但提升非价格竞争力，使$NP_5 > NP_3 > NP_1$；对B国而言，则是降低非价格优势，选择$NP_5 < NP_2$，但提升价格优势，使得$P_5 > P_3 > P_2$。具体选择哪一种组合来获得国家竞争优势，根本上取决于要素P与要素NP的边际技术替代率及其替代的代价等因素。

一般而言，价格竞争力P的构成是显性的，它主要通过成本控制技术、产品销售渠道、品牌体系等来获得，而非价格竞争力NP的构成在更多情况下则是隐性的，其获得途径比较复杂，主要有核心技术自主性、知识产权自主性、总体技术领先水平、市场研究、产品研究与开发等，因此也就更难得到。所以，在A、B两种组合中，A组合是后发大国在加入全球价值链早期阶段比较容易选择的发展模式。显然，对后发大国来说，价格竞争力P的获得虽然有一定的难度，但非价格竞争力NP的获得难度相对更大。因此，鉴于NP替代P的代价更高，在发达国家对后发大国实施技术限制的情况下，后发大国较为现实的选择，就是用P替代NP。在加入全球价值链体系后，资本、劳动力等生产要素流入变得更为容易，受外资溢出效应、"干中学"和人力资本积累等因素的影响，后发大国的要素禀赋会逐渐产生改变，其在某行业全球价值链分工体系中具有比较优势的生产环节会发生改变。假定发达国家技术转移限制水平中性，那么，在新的生产分工环节中，后发国家NP因此会得到提升，但因一国参与一行业GVC的生产环节不会无限增加，P可能会相对下降。当后发大国别无选择时，其适合的生产分工环节就无法改变，这就是其比较优势陷阱的最初约束条件，若长期无法突破这类条件，比较优势陷阱就会逐步形成。

让我们以 A 组合为例，从总体上来解释后发大国比较优势陷阱的形成机理。假定后发大国 A 期望通过加入国际分工体系来发展本国的新兴产业，但由于贸易保护主义的兴起，遭遇了全球价值链控制方（"链主"）的低端技术锁定（如知识产权保护、投资限制、进出口管制等）。在图 1 所示的模型中，技术锁定就体现为非价格竞争力会被限制在 NP_1 附近及其左侧，这意味着在 Humphrey and Schmitz（2002）提供的"工艺升级—产品升级—功能升级—链的升级"这四种 GVC 升级模式中，A 国至多只能从事工艺升级、产品升级这两个环节。并且，如果当 A 大国最初的资源禀赋的比较优势逐渐减弱，或其他大国启动更高级别的升级机制（如，新的品牌渠道或将产能转移至生产成本更低的其他国家），它的价格竞争力也会从 A 点的 P_1 下降至 C 点的 P_4。在这样的情况下，由于 NP_1 不会增加，A 大国的国家竞争优势只会降低至 LCA′曲线所示的水平。至此，我们把这个过程导致的结果称为"比较优势陷阱"①。在这个过程中，只要 A 大国在价格竞争力（P）或非价格竞争力（NP）这两类要素方面任意一个受到限制且长期内无法突破，就有可能导致另一个要素的创新突破同样受限。我们还可以直观地看到，即使 A 国能够进一步提升价格竞争力 P，但由于 NP_1 没有移动，国家竞争优势也无法上升到更高水平。

三、"产业消解"与后发大国全球价值链突破困境

至此，一个相关的问题是：为什么会出现比较优势陷阱？这要从全球价值链的性质谈起。在全球价值链背景下，产品内分工（卢锋，2004）成为当代国际分工体系的基本框架之一。在这个框架中，产品的完整生产流程，被拆解为一个个相对独立的工序、环节或区段，分布到不同国家或地区，从而使全球专业化分工体系出现了地理空间上的分散化特征（Gereffi et al.，2005；OECD，2008；Saito et al.，2013）。这种特征导致的最终结果就是：全球分工体系由产业间分工，逐渐演变成了"工序间分工"，国家间的竞争也逐渐由产业间竞争、产业内竞争过渡到了"工序间竞争"！如果说一国产业竞争力的基础是系统的产品竞争力，那么基于全球价值链的产品内分工其实扮演了后发大国产业竞争力的"分拆机制"或"零散化机制"，从而使得后发大国失去了国家竞争优势最重要的载体——产业。我们把这种现象称为"产业消解"。从产业国际竞争力体系的视角来看，发达国家主导

---

① 简单地说，比较优势陷阱就是初始的比较优势最终限制了一国产业结构的升级，从而丧失了进一步提升国家竞争优势的潜力。

的全球价值链导致后发国家集中于少数独立工序间的竞争,使得后发国家的产业系统被消解,对全球价值链"链主"设定的治理机制形成了愈来愈强的依赖。

全球价值链地位之争,其实质是国家综合能力之争。在国家能力的构成中,产业基础或产业链体系与"链主"级企业是关键组成部分。这也是发达国家制造后发国家"产业消解"和扼制其企业创新能力积累的主要动力。在多数情况下,来自发达国家的领先企业关注的是,如何通过技术知识转移更有效地治理全球价值链(Pietrobelli and Rabellotti,2011)以充分捕获后发国家的代工价值。它们也往往是全球价值链的主导者("链主"),并设计了主要的治理参数指标(Keane,2012),以保证整个分工体系的秩序稳定和有序升级。这些治理规则,对涉及国际间转移的技术知识有着很强的筛选性要求,能够被转移过来的技术会严格限制在制造环节,主要目的在于较好地提升后发国家代工企业生产体系的运营效率(Amiti et al.,2014)。当这种技术转移有可能触及核心技术或损害它们的核心利益时,就马上会被隔离或"阻断"。发达国家的主导企业集中于产品的商业模式创新设计和技术研发和创新,这不仅恰好是微笑曲线的高附加值部分,也是产品创新系统里最难复制和移植的核心部分。当后发大国最初加入全球价值链时,所依赖的分工基础是其丰富的资源、庞大的市场、巨大的人口总量与经济发展追求以及成本低廉的生产要素。这些禀赋正是后发大国与小国或发达国家相比所拥有的比较优势的初始基础。

此外,后发国家的企业由于缺乏 GVC 治理能力与经验,只能从事 GVC 中非常狭窄的某几个甚至一个生产环节或工序,比如技术含量不高的组装工序[①]。在新兴产业发展过程中,后发大国的比较优势就只能体现在某一个或几个工序上,产品研发、关键部件或核心技术等其他部分工序则主要通过进口其他国家的相应工序来"外协"。站在后发大国的视角来看,这种工序导向的产业分工系统即使在国家范围内也无法完成一个产品的完整生产,无法构建健全的相关性支持产业(Porter,1990),根本无法形成国家层次的产业体系,自然也就无法形成有全球竞争力的产业链。失去了产业基础,也就失去了自主创新的根本载体(石军伟、王玉燕,2013),国家竞争优势自然也成为无本之木,一触即溃。从经济发展的动态视角来看,这样的后发大国,只能是一个自然属性上的地理大国,并非全球分工属性上的经济大国。

在这样的情境下,后发大国尽管制造并出口了大批量的产品,学习了工序层面的生产技术和管理技术(价格竞争力要素),但却无法在市场需求和核心技术方面做到原创性的创新(非价格竞争力要素)。以中国为例,张杰、

---

① 显然,其他重要的关键零部件是由其他国家生产的,后发大国无须考虑这些关联的生产过程与生产工艺,并且,全球价值链主导者也不允许后发大国的参与者涉足这些问题。

郑文平（2017）的实证研究发现，虽然本土企业在参与全球价值链分工过程中存在着典型的"出口引致进口"现象，但是与发达国家之间的进出口贸易均对中国本土企业的创新活动造成了显著的抑制效应。因为，无论是市场创新还是核心技术创新，都主要被来自发达国家的领先企业掌握，后发大国则由于全球分工机制而被隔离在外。显然，如果在市场需求研究方面缺乏竞争力，本土企业就无法发现、激发或整合本土市场或国际市场上的高端需求，这使得自主式的技术创新失去了需求侧的拉动力；如果核心技术创新缺乏竞争力，本土企业就无法获得最先进的技术组织和技术管理方式，无法对创新生态系统（核心技术）、产业设备系统（物质资本）、人才系统（人力资本）等各个方面进行持续的更新和升级，这使得自主式技术创新失去了供给侧的推动力。从具体的单个产业来看，后发国家的产业创新系统也因此而残缺不全，无法形成培育自主创新的工业基础和创新基础设施。在这种情境下，后发大国的非价格竞争力也就难以获得全面的突破和提升，只能选择"技术引进—消化吸收—改造升级"这样的追随式创新战略路径，无法形成摆脱"比较优势陷阱"的自主动能。

　　这就不难解释，为什么发达国家能够依靠卖专利和技术标准，赚取整个产业70%以上的利润，新兴工业化国家包揽中间制造环节，赚取20%左右的利润，而发展中国家赚取的利润只有6%左右（袁俊，2005）。这也不难解释中国国产手机为何遭遇"利润魔咒"：手机出口量占全球市场的80%，但利润仅占全球价值链的1%左右[①]。在发达国家主导的全球价值链背景下，后发国家"越开放，陷阱越深"。这些令人担忧的数据，就是最为直观的证据。

四、"创新偏差"：理解全球价值链突破路径的新视角

　　毫无疑问，技术创新能力（尤其是关键技术创新）是一国新兴产业非价格竞争力的核心部分，也是后发大国突破发达国家全球价值链封锁的根本基础。我们以Christensen（1997）的"破坏性创新"理论为基础，提出"创新偏差"这个工具性概念，对"比较优势陷阱"在微观基础层面的成因展开进一步的分析。

　　所谓创新偏差，就是指创新者为了获得竞争优势升级从延续性创新（sustaining innovation）到实现破坏性创新（disruptive innovation）所要付出的努力程度或偏离水平。其中，延续性创新可以解释为对原有技术路径有着维持性作用的创新活动，它关注的是现有主流市场和主流用户，其主要价值

[①] 2012年，中国手机出口总量将达10亿部，但全球手机市场99%的利润都被苹果和三星赚走。具体请参见《国产手机出口陷利润魔咒：均价仅33美元》，载《第一财经日报》2012年11月8日。

在于使现有产品或服务更好、更快或更便宜。但破坏性创新则通过不连续的变化，改变了原有产品或市场的技术路径，它关注的不是为现有的主流市场客户提供更好的产品，而是更倾向于通过引入目前稍差（但简单、便捷）的产品或服务来破坏和重新定义当前的市场，在获得低端客户市场后，通过更快的技术进步步伐和差异性的市场创新，切入更高级别的客户需求，从而打败领先企业（克里斯坦森、雷纳，2010）。

从本质内涵来讲，创新偏差刻画的并不是技术水平差距，而是企业在竞争优势升级过程中创新战略选择偏差的程度。如果后发企业在新兴产业发展过程中，长期地选择了延续性创新策略，那么即使积累了足够丰富的创新资源和创新能力，也很难实施破坏性创新，这相对于 GVC 突破的战略目标来说，就形成了强烈的创新偏差。相反，如果后发企业从切入 GVC 时就明确设立了破坏性创新的战略导向，即使在初期不得不从事延续性创新，但经过长期积累创新资源和创新能力，终会逐渐缩小创新偏差，在适当时机实现破坏式创新，赶超发达国家的 GVC 主导企业，实现对 GVC 封锁的突破。因此，战略选择偏差越大，创新者距离技术创新前沿或创新质量前沿越远，实施延续性创新策略的概率越高，实现破坏式创新的可能性越小，竞争优势升级也就越难。

需要指出的是，破坏性创新与突破性创新（radical innovation）是两个看似相近却差别相当大的概念。第一，破坏性创新首先关注的更多是市场维度，而突破性创新则首先更多关注技术维度（Danneels，2003）。也就是说，破坏性创新首先关注的是如何发现一个与主流市场不同的市场，并设计一个新的商业模式或商业生态系统去改变商业逻辑，引导用户的偏好改变；突破性创新的要点则在于如何通过更好的技术来破坏竞争对手的竞争优势。第二，破坏性创新可能不吸引现有的主要客户，而是在新界定的市场上为新的客户塑造一种新的产品偏好，并且更注重通过商业模式创新将这种偏好传递给用户；突破性创新更注重现有产品特性的提升，或是产品生产效率的实质性改进。第三，破坏性创新首先是由破坏者（或追随者）发起的，会导致在位者困境，而突破性创新一般是由在位企业推动和展开的。从这些方面来看，在发达国家技术限制的全球分工格局下，破坏性创新才是后发大国新兴产业突破发达国家核心技术垄断和全球价值链封锁的根本动力，才是非价格竞争力的战略推动力量，而延续性创新则更可能体现在价格竞争力方面。因此，我们可以用图 2 勾勒出后发国家突破全球价值链的路径选择空间。

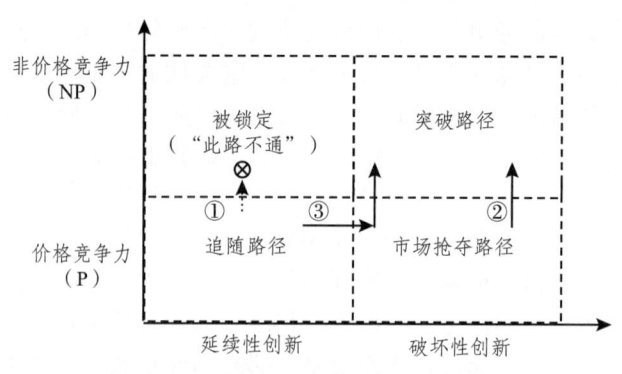

图 2 后发国家 GVC 突破路径空间

在图 2 中，后发国家的战略追求被列为纵轴，包括非价格竞争力（NP）和价格竞争力（P），其创新战略导向被列为横轴，包括延续性创新和破坏性创新。如果我们将 Humphrey and Schmitz（2002）的"工艺升级—产品升级—功能升级—链的升级"称为线性升级路径，那么，本文基于"创新偏差"的 GVC 突破路径空间提供了另一种非线性升级的战略解释。显然，Humphrey and Schmitz（2002）的思路假定技术扩散是中性的，发达国家是核心技术的发源地，后发国家则遵循技术扩散的基本规律，逐步接受发达国的技术转移，然后逐步形成局部环节的全球价值链地位攀升，最后实现能够拥有全部价值链节的产业体系。不过，前提是后发国家升级后的 GVC，应该是发达国家"链主"企业控制的 GVC，也可能是其技术淘汰后的 GVC，而不是由后发国家企业控制的、在世界范围内享受分工溢价的 GVC。

引入"创新偏差"这一工具性概念后，我们讨论的不仅仅是单个企业的升级模式问题，而是在国家层面上系统的 GVC 升级战略路径问题。从现实出发，本文的分析框架假定先进技术扩散在世界范围内不是中性的，而是在很大程度上受到发达国家的控制或封锁。后发国家期望在 GVC 治理控制权争夺战中构建技术优势，就必须摒弃线性升级路径模式，而选择非线性路径，以突破发达国家的技术限制或封锁。以此为出发点，后发国家的战略选择就至关重要了。如果后发国家的企业选择了延续性创新的策略（图 2 中的路径①），那么追求非价格竞争力的路径是注定被锁定的，追求价格竞争力是现实的路径选择，但结果注定是"比较优势陷阱"。只有从一开始就确立破坏性创新的战略导向（图 2 中的路径②），创新偏差才可能不断被缩小，成功突破发达国家主要的全球价值链才有可能。或者，后发企业从延续性创新开始起步，在延续性创新的基础上积累能力和经验，在市场需求、物质资本、人力资本与关键技术等要素结构不断完善的过程中，实施破坏性创新，从追求价格竞争力转向追求非价格竞争力（图 2 中的路径③)）①。

在全球价值链突破过程中，创新偏差还可以为衡量后发大国某一行业企业的异质性水平提供新的分析视角。在国家层面，创新偏差是其企业群体的集体选择行动所引致的结果。对任一给定的产业系统，如果更多的企业选择了延续性创新，更少的企业选择破坏性创新，那么这就构成了创新偏差最大的一极，这时企业群体间的创新战略异质性水平最小，同质程度最大。这时候，后发大国陷入比较优势陷阱的可能性最大，突破发达国家的全球价值链封锁的可能性最小。如果更多的企业选择了破坏性创新，更少的企业选择延续性创新，这就构成了创新偏差最小的一极，这时企业群体间的创新战略异质性水平最大，企业选择的破坏性战略的多样性与互补性最强，这时候，后发大国跨越比较优势陷阱的可能性最大，突破发达国家的全球价值链封锁的可能性也最大。

当然，相对于延续性创新的战略路径，后发大国实施破坏性创新面临的挑战也大的多。并且，这种挑战是系统性的，而不是局部性的或零散的。要成功克服这些挑战，后发大国需要在加入国际分工体系过程中，积极推动要素禀赋结构的改变，需要明确促进一个产业及相关支持产业创新能力的长期累积以及创新生态系统的培育。只有这样，才可能创造创新突破机会，才可能真正实现全球价值链地位的持续攀升。因此，只要战略方向选对，创新偏差就会越来越小，突破机会就只是努力程度和时间问题。如果战略方向选错，那么，越努力，可能创新偏差越大，离目标也就越远了。

五、"创新偏差"的决定因素

总体来看，影响后发国家创新偏差水平的主要因素，包括政策导向、市场需求特征、技术差距和组织战略四个方面。其中，前两个因素主要涉及宏观层面，后两个涉及微观的企业层面。我们下面分而述之。

（一）政策导向对创新偏差的影响

在新兴产业发展过程中，后发大国由于经验不足或发达国家的干扰影响等因素，其政策导向选择方面往往会出现偏差（张建忠、刘志彪，2011），从而给该产业内的企业创新方向形成一种制度设定。这种制度设定，会从整体上影响企业的创新战略选择，从而导致不同程度的创新偏差。比如，政府为了就业、税收或GDP增长等目标，可能会鼓励本国或本地企业在加入

---

① 其实，理论上讲，图2中路径③也是风险巨大的。在延续性创新导向之下，后发企业如果适应了"温水煮青蛙"式的产业技术创新范式，就会成为发达国家领先企业设定的产业标准或技术体系的"俘虏"，除非有极大的外在冲击（如产业震荡式的变革）或强烈的内部变革动力（如非常清醒而冷静的发展战略），否则极易退化为路径①。

GVC 过程中更多地采取加工贸易策略，这其实是一种延续性创新策略。这种战略选择会在短期内带来企业的大规模生产，大幅度降低成本或在某种程度上改进现有产品性能，并为企业带来更高的利润。这样一种延续性创新导向的制度环境，使得后发国家某一行业内的企业战略表现出了很高的同质性，更多的企业就放弃了破坏性创新战略导向，结果就使其与发达国家企业之间的创新偏差越拉越大。

此外，在全球价值链分工体系中，后发国家被分配的生产环节太少（Pietrobelli and Rabellotti, 2011），且更多地被主导企业分配于成本控制类的延续性创新活动，更集中于工艺流程的改善与升级，这也恰好迎合了后发国家政府的制度设定。这些过于狭窄的分工空间，使得企业无法接触到终端市场需求，也无法延伸到其它相关生产流程。这些问题同样存在于后发大国的新兴产业领域。相对于传统产业，新兴产业是一种更容易获得规模报酬递增的产业，在当前全球价值链治理权的分布格局下，发达国家仍然会努力掌握附加价值最高环节的控制权，后发大国可能仍然会处于不利位置。例如，在新能源汽车产业发展过程中，虽然后发大国与发达大国都可能面临相似的制约因素（如新能源汽车的电池和续航能力等问题，参见石军伟等，2011；石军伟、赵峰，2016），但由于只能在较小的分工范围内实现专业化，后发大国享受到的规模报酬递增收益也是非常有限的。这样一种被动的创新导向，加大了后发大国的企业界从事延续性创新的概率，限制了其从事破坏性创新活动的可能性，使得企业失去了破坏性创新的基础。

（二）市场需求对创新偏差的影响

对市场需求的系统性研究不足是后发国家新兴产业中企业创新的另一大挑战。后发大国的一大特征就是其庞大的、高速增长的本土市场需求，这为新兴产业提供了更丰富的创新机会。从理论上讲，一个快速成长的市场需求空间，是决定技术创新、产品价值能否最终实现产业化与增值的先决条件。并且，越是新兴的产业，越需要这样的市场，越需要系统的商业模式创新来挖掘这样的市场。因此，发达国家领先企业主导全球价值链治理的主要目的不仅是为了获得更高的分工效率，而且包括了通过商业模式创新对新兴市场需求的垄断与控制。然而，后发大国在加入全球分工体系时，为了引进外国投资和扩大出口，更多地采用了"以市场换技术"战略模式，这特别容易诱发"重技术轻市场"的倾向（石军伟等，2011）。这里的轻市场，不仅包括对本土市场需求研究不系统，商业模式创新能力不足，还体现在对发达国家的市场需求研究也是严重不足的，这导致了对市场需求演化规律缺乏战略性感知和预测。当这种逻辑导向被简单拷贝到新兴产业中，结果就是急于领先发达国家的竞争者捕获本土市场需求的本土企业，由于缺乏足够的创新资源储备无法实施破坏式创新，而不得不沿袭跟随式创新的传统发展模式，这最终拉大了"创新偏差"。

发达国家新兴产业的发展实践告诉我们：对作为幼稚产业的本土新兴产业而言，国内需求的贡献远大于国际市场需求的价值。在20世纪日本经济从低技术导向向重工业进而向高技术导向转变的过程中，进口保护发挥了重要的作用[1]。它主要通过关税、配额、限制外国直接投资、限制高技术产品进口或在国内采购等途径，保证对当时的新兴产业的国内本土需求，给本土企业足够的机会和创新空间，促进了本国高技术产业的发展[2]。显然，国内需求一方面可以引致本地企创新，另一方面，也可以检验本土企业创新的价值，并派生出新的创新方向。江小娟（2010）证明，虽然"外需"在推动中国经济增长过程中有着非常重要的作用，但改革开放以来，真实贸易依存度从来没有超过25%，这说明"内需"才是作为后发大国的中国经济增长的主要推动力量。因此，适度保护新兴产业的国内市场需求，对后发大国来说，不仅是必需的，也是符合WTO的幼稚产业保护条款的。但是，过早开放本土市场、普遍采用"拿来主义"的"以市场换技术"的发展战略，使得后发大国让出本应激发破坏式创新的市场需求基础，迫使本土企业不得不采用延续性创新，结果是不断拉大了创新偏差。

（三）技术差距对创新偏差的影响

技术差距[3]对后发大国新兴产业的发展政策选择有着重要影响，也在很大程度上决定了后发大国与发达大国的创新偏差。理论上讲，当技术差距过大时，后发国家会在技术引进和模仿过程中采取更密集的物质投资策略，而忽略技术选择问题（Acemoglu et al., 2006）。只有当技术差距日益缩小时，后发国家才有可能采取创新密集型的战略模式。囿于自身创新能力的不足，后发国家在解决新兴产业的技术瓶颈问题过程中，主要采用了跟随与依附发达国家的创新策略。在这个过程中，吸引外资与技术引进是主要途径（林跃勤，2012）。陈涛涛（2003）以中国工业细分行业数据证明，东道国企业能否有效吸收外资的技术溢出效应取决于本土企业与外资企业的技术能力差距：技术能力差距越小，溢出效应的吸收效果越好；技术能力差距越大，溢出效应越难吸收。对同一新兴产业来说，后发国家的总体技术能力远远落后于发达国家，更容易采取资源密集型的投资策略，

---

[1] 参见克鲁格曼：《战略性贸易政策与新国际经济学》，中国人民大学出版社2000年版。
[2] 其实，这么做的不只日本一个。在美国19世纪的工业化进程中，也采取了内需为主导的工业化模式，当时的美国政治家与制造商都秉持这样的信念——必须在国内创造市场，同外国的产品进行竞争。具体请参见贾根良：《美国学派与美国的工业化：经验教训与启示》，载《经济社会体制比较》2010年第2期。
[3] 这也是一个与创新偏差相似但本质不同的概念。技术差距主要指后发大国与发达大国在主流技术前沿之间的距离，这与创新偏差的本质内涵、定义基础与前提条件并不相同。

其企业更容易选择成本导向的延续性创新模式,使得它们没有能力选择比较先进的技术,因而在技术升级或创新战略模式变迁方面陷入停滞,无法积累破坏性创新所需要的力量。

技术差距难以缩小的根本原因在于,后发国家缺乏真正的研发创新投资,这与发达国家将创新的焦点集中于基础研发活动与技术前沿大不相同。在后发大国,绝大多数的创新属于非研究与开发性活动(non-R&D activities),主要集中于对发达国家的成熟技术在新的市场条件下的简单模仿、复制或推广(Bell,2007),涉及的主要是流程与运作层面,很少扩展到真正意义上的产品研发层面。这也是后发国家的企业在国际技术转移过程中为何吸收效率低、技术能力不高的深层原因。Gereffi et al.(2005)指出,企业能力、交易复杂性与知识的可编码性是决定全球价值链治理的三大关键要素,而后发国家研发创新投资的缺乏使其在这三个方面无能为力。虽然后发国家在国际化初期往往既缺技术也缺资金,但这并不是一个国家的企业仅热衷于投资生产性活动而放弃研发性活动的理由。

由于产业基础薄弱、创新知识积累较少、产业链条短和国际化经营经验缺乏等原因,后发国家很难在短期内建立起国家创新系统来积聚产业创新能力(张建忠、刘志彪,2011),这使得技术差距的缩小面临着较大的宏观体制障碍。在这样的大背景下,后发国家在借助 GVC 获得新兴产业技术创新的知识和经验,主要来源于渐进式的创新活动,但是,这类创新活动是以适应 GVC 主导企业设置的知识产权保护体系为前提的。而正是这类知识产权制度,使得后发国家在引进、吸收、模仿和集成的基础上再进行破坏性创新的路径,受到国际知识产权制度制约而被阻断(Helpman,1993),结果就是形成了无法迅速缩小的技术差距。以中国为例,余振等(2018)的实证研究发现,中国的 GVC 分工地位指数在升高的过程中,与美国等发达国家的贸易摩擦数量也在不断增长。此外,美国政府 2018 年再次启动对中国高技术产业出口产品的"301 调查",也是一个直接的佐证。显然,发达国家主导的以贸易保护为基本导向的知识产权制度,持续扩大了后发国家企业的创新偏差,形成了一种"创新赶超陷阱"(张建忠、刘志彪,2011),进而加深了后发国家的"比较优势陷阱"。

(四)组织战略选择对创新偏差的影响

在创新偏差的两端,分别是延续性创新与破坏性创新,它们其实代表着两种不同的创新战略导向,故而在企业层面需要不同的组织架构和产品架构。组织架构主要指企业内部资源的配置方式和交易边界,而产品架构则决定了产品的组件和子系统的构成和整体互动方式。当创新战略导向、产品架构和组织架构不匹配时,创新企业会陷入"架构陷阱"(Chesbrough and Kusunlki,2001;Hoetker,2006)。破坏性技术创新往往面对的是"不太完善"的市场环境,所以对创新组织内的互动与配合要求非常高,因此,当一项破坏性技术出现后,它需要的是具有交互式产品架构的整合型企业组织,这时的企业必须具备高度统一的战略价值观和功能互补性的开发团队,负责核心技术和核心产品部件的开发,通过创新性的商业模式设计引导与用户需求的深层互动,实施动态创新过程。但是,当破坏性技术逐渐成熟,变成标准技术后,它需要的就是具备模块化式产品架构的分包型企业组织。这时,产业内的企业都可以将最佳供应商生产的组件进行混搭,从而很容易满足个性化客户的需求(克里斯坦森、雷纳,2010)。从技术创新的产业演化规律来看,产品创新早期阶段更需要交互式产品架构以更好地完成自主开发,而后期则更需要模块化产品架构实现规模化的应用。显然,交互式产品架构和整合型的组织最适合实施破坏性创新,但模块化产品架构与分包型组织架构则适合延续性创新。具体的比较内容请参见表1。

表1　　　创新偏差的两端:后发国家企业的两种创新战略导向

研究层面	延续性创新	破坏性创新
目标产品或服务的质量	为满足业内最高端客户最重要的需求而做出改进,这类改进可能是渐进式的,也可能是突破性的	低端的"传统"性能表现,但是增加了新的特性——特别是在简洁性和便利性方面;也可能创建有别于当前市场主流产品或服务的新价值评价维度
目标客户和市场应用	主流市场最有价值的(如利润最大的)客户,愿意为产品性能改进而买单	定位于"零消费"市场,这些客户过去没有资金或技术来购买和使用这种产品;或者主流卖家不提供这类产品或服务
业务模式要求	利用现有的竞争优势,对当前的业务流程和成本结构做出改善以提升或维持利润水平	要求在单价较低、起初产量不高的情况下,仍能赚钱,单品销售的毛收入非常低;以客户"痛点"需要为主要导向来组织业务流程;先占有市场,再提升利润水平
产品架构创新	模块化	交互式
对应的组织形式	分包型企业	整合型

资料来源:笔者基于克里斯坦森、雷纳(2010)相关内容改编、整理、增加而成。

不过,后发大国的企业由于在全球价值链中的初始不利位置,绝大部分在早期都采取了全球价值链主导企业设计的模块化组织结构。在这种架构下,模块间的标准化接口在很大程度上限制了设计的自由与对前沿技术的应用。所以,作为追随者的企业很难突破已有组织结构的制约,也就无法获得交互式产品架构以对破坏性创新所需要的资源进行内部整合。然而,后发大国的企业或许并没有意识到这一点,反而认为模块化是代表先进生产力的组织形成，这就导致了一种可能，即借由模块化的组织架构去实现破坏性创新，其结果不言自明，必然受挫。

六、研究方法设计与样本概况

（一）研究对象选择

本文的主要对研究情境是中国通信设备制造业，并以该行业代表性领军企业——华为技术有限公司（下简称"华为"）为核心研究对象，采用案例研究方法来检验上述的理论机制与命题。在改革开放以来的四十余年里，中国通信设备制造业经历了从新兴产业到有国际竞争力的产业的根本性转变，是实现全球价值链突破的非常少有成功的制造行业之一。尤其是华为，作为该行业在世界范围内的领军企业之一，在突破发达国家全球价值链封锁的过程中创造了许多被称为"神话级"的成功实践，不仅代表了中国通信设备制造业的最高水平，而且值得中国其他制造业乃至世界发展中国家在发展新兴产业时学习和借鉴。

之所以采用案例研究方法，是因为后发企业的全球价值链突破是一个系统性非常强的问题，很难用标准的计量经济分析方法对多层次的关键因素进行定量的测算并进行数据化的分析。案例研究方法很好地解决了这一难题，比较适合对现有文献研究不充分的领域进行深入的探索，并解释性和探索性地回答"如何做"或"为什么"之类的问题。虽然多案例研究可以通过案例的重复以寻求支持研究结论的证据，以提升研究的效度，但本文依然选择了单案例研究。主要原因有二：第一，后发国家的全球价值链突破需要经过长时期努力才能实现，因此，对代表性实践进行纵向案例（longitudinal case）研究，可以更好地反映同一案例在不同时间点上如何随时间变化而变化，以揭示更深入而细致的、有价值的关键信息和实践经验（殷·罗伯特，2010）；第二，华为是国内外公认的全球价值链突破成功典范，不仅实现了对发达国家企业市场占用率的追赶和反超，而且实现了关键核心技术的自主创新和完全控制。这在当前的中国，很难找到与华为具有可比性的其他企业案例[①]。这恰好符合单案例研究中的"代表性案例"或"独一无二的案例"的情境要求（殷·罗伯特，2010）。因此，我们相信，从全球价值链突破视角对华为案例的系统研究，得到的结论应该有助于对中国同类事件和其他行

---

① 虽然"两弹一星"、人工合成牛胰岛素、青蒿素的发明和应用等诸多关键技术的自主创新实践突破了发达国家的技术封锁，绝对值得世人尊敬，但其创新突破过程和历史条件与华为有着非常大的差异，无法放在一起进行比较研究。另外，国内有不少企业在市场占有率上实现了世界范围内的领先，但关键技术创新方面，则没有得到各界的公认，因而，也难以纳入与华为实践的比较范围。

业深刻理解。

(二) 研究期间的选择

基于我们的研究主题,我们将对华为创新突破实践的主要研究期间设定为 1996~2011 年。这么做的主要理由是基于对华为公司 30 余年发展历程的总体理解。综合各方面的资料,华为从成立到 2018 年共经历了四个发展阶段:第一阶段是 1987~1995 年,主题是创业求生存;第二阶段是 1996~2004 年,主题是二次创业并迈向国际化;第三阶段是 2005~2010 年,在这一阶段,华为开始成为世界级的企业,代表性标志是华为 2009 年获得 IEEE 颁发的"杰出公司贡献奖",并入选美国 *Fast Company* 杂志评选的最具创新力公司前五名,主要业务的市场份额分别进入世界前三名以及 2010 年在世界范围内建成的 SingleRAN 商用网络超过 80 个;第四阶段为 2011 年至目前,华为开始组织转型,真正成为行业领跑者。因此,虽然我们将最早的数据向前扩展至 1992 年,向后延伸至 2018 年,但真正反映华为突破发达国家全球价值链封锁的战略实践与成功经验,依然是在华为启动国际化战略的 1996~2010 年的这 15 年之间发生的。显然,成为全球行业领先企业后的华为,与处于创新突破期的华为,其战略导向与经营实践的内涵,有着本质的不同。这也是为什么本文没有把 2011 年以后华为的创新战略实践纳入研究重点的基本原因。

(三) 数据和资料

我们主要通过华为公布的年报、华为公司网站、华为公司的《华为人报》《华为技术》等出版物,研究华为的著作、发表的华为管理者访谈报道、论文和研究报告等公开出版物,来收集整理华为在全球价值链创新突破方面的实践资料。著作主要包括《华为研发》《华为四张脸——海外创始人解密国际化中的华为》[①]《下一个倒下的会不会是华为》《以奋斗者为本》《华为的世界》[②] 等,选择这 5 本的基本原则是作者应该在华为就职或者实质性地参与了华为的业务管理实践(如长期担任咨询或顾问)。另外,我们通过中国知网数据库在篇名中设置"华为"进行搜索,然后人工对搜索结果进行筛选,得到与"国际化""创新""技术创新""管理创新"等

[①] 张贯京:《华为四张脸》,广东经济出版社 2007 年版。作者张贯京曾是华为公司海外市场创始人和核心主管之一,在华为的 9 年时间里,担任或兼任过华为公司进出口部总经理、海外市场部总监、国际合资企业与代理商管理部总监、国际市场财经部总监、北美地区部总经理、北非地区部总经理、拉美地区部主管、第一个海外市场(香港)创始人、俄罗斯合资企业首任董事与创建人,创建了华为多个海外地区部和合资企业。2003 年底离开华为自主创业。

[②] 吴建国:《华为的世界》,中信出版社 2006 年版。吴建国于 1996~2002 年任职华为技术有限公司历任人力资源部副总裁、产品策略总监、公司总裁助理等主持参与华为薪酬改革项目、绩效管理项目任职资格管理项目私募与上市筹备项目等。

主题相关的论文和报道170余篇。限于精力和能力,我们没有使用现场访谈的方式获得一手资料。主要原因有二:第一,即使现在能够接触到任正非总裁或其他创业元老级的高层管理者,但让其回顾10年甚至20年的国际化实践,访谈结果的准确性并不一定比当时公开发表的资料高;第二,本文研究时期覆盖区间华为国际化战略的历史资料,大部分散见于记者采访时任华为高层管理的报道稿、研究华为国际化策略的报告以及正式出版物中。我们自2012年起,开始收集这些零散的资料,并进行整理、归纳和提炼,通过多轮讨论和比较,使数据和资料的质量能够得到足够的保证,也能够满足本文的研究需要。对于不一致的数据、信息和资料,通过出版物、其他研究成果与网络搜索等多元化的渠道进行交叉验证,以求最大限度的准确。

(四)案例企业概况:成长迅速的华为公司

华为公司建立于1987年,在短短三十余年的时间里,这家起初仅为香港一家企业代理电话交换机的公司,就先后超过阿尔卡朗讯、爱立信等发达国家的企业,成长为世界级行业领先企业。图3显示了华为公司近26年来的成长轨迹。连续26年来,华为公司的销售总收入一直呈现明显的增长势头,即使在2008年的国际金融危机冲击下,这个势头也没有受到实质影响。1999年,华为公司总销售收入为13.8亿美元,但到2011年,这一数据达到了324亿美元,足足增长了23倍!另一个突出的特征是,1999年,华为公司的海外销售收入只有区区0.53亿美元(占比不到4%),到2011年,这一数字飞升到220亿美元,增长了415倍!并且,海外销售收入占比也由1999年的3.81%上升到了2011年的68%。这一趋势在2009年稍受影响后,依然保持了上升趋势。这使华为公司成为一个真正的国际化企业。2018年,华为公司的全部销售收入为7212亿元人民币(约1090亿美元),海外收入占比为48.4%。从另外的指标来看,2018年,华为的国际化进入了新层面:全球部署超过50万个基站,商用连接突破1000万,与1000多家生态合作伙伴共建生态;全球签署超过350个NFV和380个SDN商用合同,部署超过30个CloudAIR无线空口云化商用网络;在全球10余个城市与30多家领先运营商进行5G预商用测试。当前的华为,已经成为一家名副其实的世界级行业领先企业。

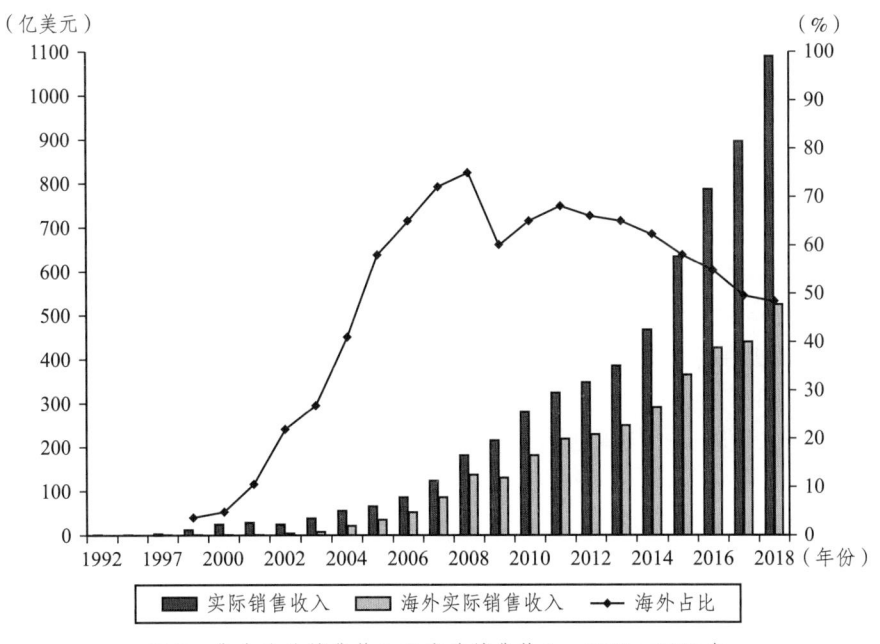

图 3　华为的总销售收入及海外销售收入：1992~2018 年

七、后发大国新"链主"练成记：华为的成功实践

华为公司突破全球价值链封锁的成功经验，主要特征就是遵循了"创新偏差"最小的战略路径，跳出了 Humphrey and Schmitz（2002）的线性路径模式，呈现出了图 2 所示的非线性特征。华为的实践既是中国通信设备制造业全球价值链地位升级动力的典型代表，也是对上文理论框架和命题最直接的印证。我们将其概括为如下七个主要方面：

（一）非价格竞争力的积聚：从延续性创新到低端市场的破坏性创新

严格来说，华为成立之初并没有自己的产品，而是代理香港鸿年公司的用户交换机。这其实是一种延续性技术创新策略。但这种战略并没有持续多久，到 1989 年，华为以代销交换机收入为研发经费，开始了数字交换机领域的研发，推出半机械、半数字的入门级产品 PBX—JK1000。自此开始了从延续性创新到破坏性创新的征程（请参见图 4）。1990 年推出的阳春机型，虽价格便宜、方便实惠，但产品的性能并不理想。1992 年，华为的销售额首次突破了亿元大关，利润过千万。这一年，华为将几乎全部的销售额投入到国际市场的主流技术 C&C08 机的研制，这一延续性创新行动在 1993 年初获得成功，1995 年在市场上获得重大突破，让华为拉开了与国内同类厂商的差距。这次突破后的 C&C08，使得华为拥有了自主知识产权和核心技术，对当时中国市场上的外资企业来说，却是一次"深度破坏性"的创新。极大地降低了中国电信运营商的建设总成本和维护总成本,这对电信运营商的诱惑是具体而实在的,也是外国厂商所无法提供的实惠。以 C&C08 为代表的自主知识产权的程控交换机的成功,使得华为、中兴、西安大唐(大唐前身)以及后来的巨龙等国产厂商开始大规模占领市场。结果就是发达国家制造的程控数字交换机价格开始直线下跌,单位价格从 500 美元直降至 30 美元。外国同行企业还没有反应过来,就从开始的一路领跑变为被中国新兴同行远远地甩在了后面。此前,中国电信要订购国外的设备,需要提前一年预付订金,要等一年才能到货,很多先进的通信设备还会被国外卡着无法进口。华为 C&C08 机在中国市场的大规模应用,终结了中国通信史上装电话机难、装电话贵的历史,使得交换机设备由之前的"贵族价"变成了"白菜价"①。这不仅极大地降低了中国通信机构的服务成本,也从根本上"破坏"了外资企业的市场基础。

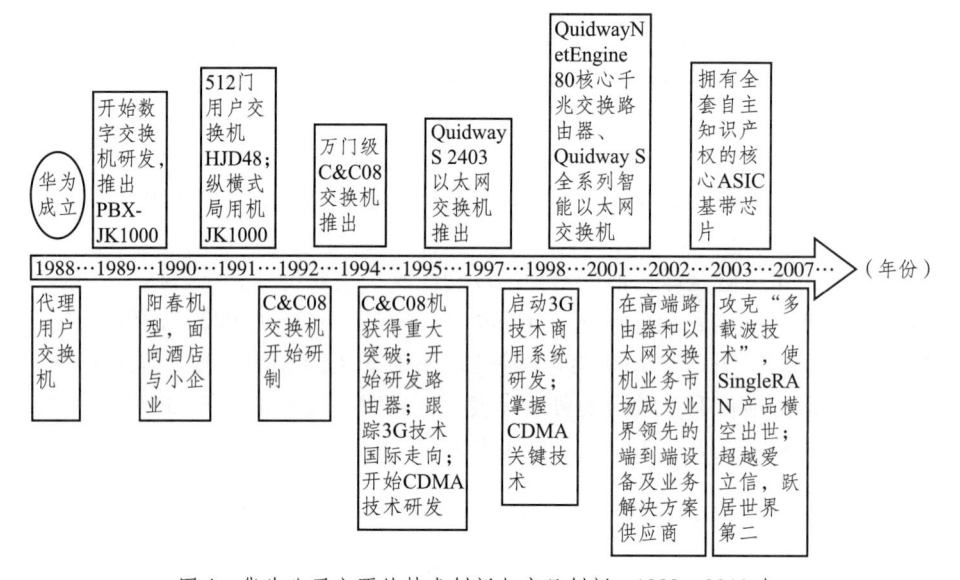

图 4 华为公司主要的技术创新与产品创新:1988～2010 年

华为在中国市场最典型的破坏性创新,恰恰来自当时发达国家企业提供的产品所无法覆盖的领域。在 20 世纪 90 年代,当时国内电信设备市场几乎全被 AT&T、爱立信等跨国公司瓜分,华为公司面临国外领先企业与国内同类企业的包围,竞争压力非常之大。面对西方电信厂商的凶猛势力,华为通过系统的市场研究,找到了一个很小的切入口——为运营商贫

---

① 张利华:《华为研发》,机械工业出版社 2010 年版。张利华 1997 年初进入华为工作,她曾在研发部、交换产品部、业务与软件产品线、运营商解决方案部、手机终端公司筹划组等多个部门就职,2003 年底离职。

乏的农村市场提供设备。这里的基站设计比较微妙，创新技术要求不高，但需要防鼠咬、耐寒，除了华为，没有人愿意做这块市场。这时候的华为，围绕中国通信行业农村市场范围大、地域广的特征，深入研究客户的"痛点"，围绕这些"痛点"问题形成了明确的业务运营逻辑，开发了适应这些客户紧缺急需的技术方案——"耐寒+防鼠+设备正常功能"。这正是破坏性创新理论所强调的经典策略——重新树立用户对产品性能的评价参数（Christensen，1997），并以此来启动新兴市场的"零消费"——城市主流用户所没有的消费需求。也正是在市场需求挖掘和原创技术（尽管不是世界级的，但却是客户最实用的）研发两个方面的紧密结合，华为因此积累聚了强大的"本土创新能力"，进而通过低端市场的破坏性创新成功地在国内本土市场站稳了脚跟，并拥有了强势的本土竞争优势。在1995年，华为15亿元人民币的销售收入主要来自中国农村市场，就是对其本土创新能力的直观诠释。这开始改变中国通信设备制造业的要素禀赋结构，也成为华为突破发达国家领先企业全球价值链封锁的重要基础。到20世纪90年代末，包括AT&T、爱立信、西门子、上海贝尔在内的众多公司已停止了程控交换机的更新和研发。但华为却根据中国的特殊国情和用户需求，扎根本土市场，不断更新换代数字程控交换机技术，最终登上了程控交换机窄带技术的最高点。华为与发达国家跨国公司的竞争力结构，自此开始逐渐发生转变。此后，华为公司采用类似的路径进军非洲、亚洲的第三世界国家等低端市场，直到进军欧美市场，这种基于"本土创新能力"的破坏性创新战略使其获得了空前的成功。

（二）非价格竞争力的延伸：新兴市场的破坏性创新

在提升非价格竞争力的过程中，如何使得自己的破坏性创新能力经受住国际市场的检验是至关重要的一环。对后发大国的企业来说，如何有效连接国内市场与国际市场是充分利用其创新成果的关键途径。在破坏性创新过程中，华为正是以国内市场为基础和牢固跳板，在合适时机进入国外际场，在深度研究东道国市场的基础上，有效移植本土经验，很好地获得了"创新红利"。从图3中可以看出，华为公司在2000年之前，海外销售收入占比一直没有超过10%，国内市场是华为公司最为主要的收入来源，这主要得益于中国快速发展的通信市场为通信设备带来的庞大需求规模（参见图5a和图5b）。2001年，华为公司的销售收入超过30亿美元，海外收入占比10.7%，此后一路高歌，在2008年海外收入占比高达75%。由图4可以看到，在1995年开始研发路由器产品时，华为也是首先充分挖掘了国内需求。到2001年，华为已经成为国内首家获得软件开发管理CMM四级国际认证的企业，在国内市场牢牢站稳了脚跟。2002年，华为在该领域已经成为世界领先的端到端设备及业务解决方案供应商。到2010年左右，华为高端路由器已进入 60 多个国家，承担了 10 多个国家的骨干网络建设（侯媛媛等，2011），实现了从国内市场向国际市场的完美跨越。

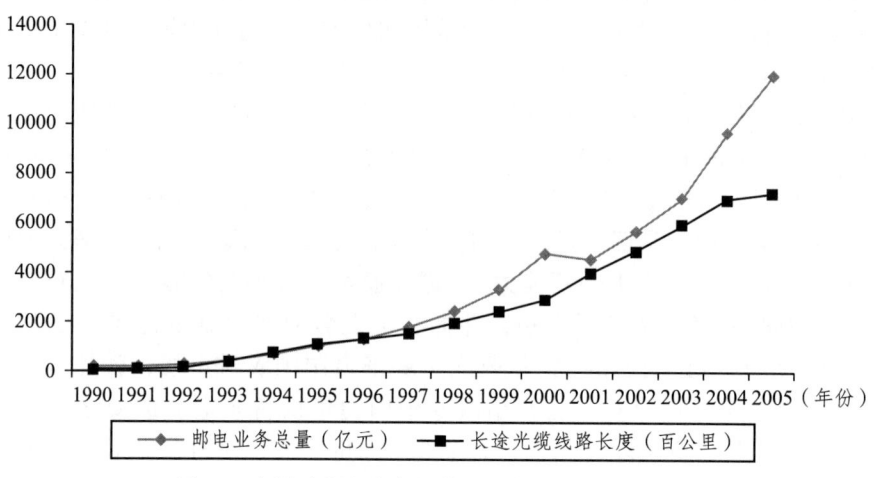

图 5a 中国通信业的发展水平总览：1990~2005 年

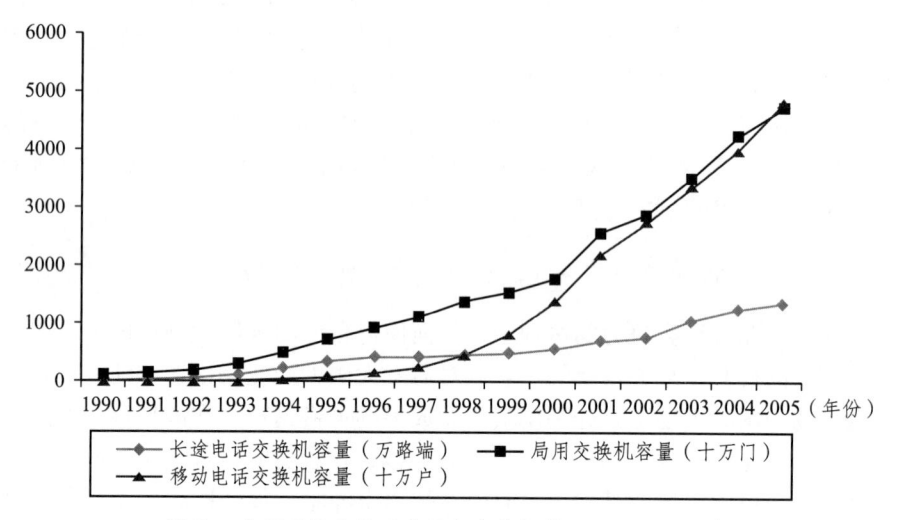

图 5b 中国通信业的通信设备安装规模：1990~2005 年

在进军国外市场过程中，如何科学选择市场进入策略对突破全球价值链也是非常重要的。华为进军国际市场的战略路径，类似于在国内市场与跨国公司抢夺市场的竞争模式：首先从低端市场切入，然后逐步进军主流高端市场（见图 6）。这不是一个简单的市场扩张或市场转移问题，其核心挑战是如何适应并驾驭不同类型的市场规则。例如，华为在发展中国家或新兴经济体战线菲然，但其进军欧美发达国家市场时却发现，这里的市场规则完全不同于发展中国家，挑战与困难是全方位的，要重新适应，还要做得比竞争对手好很多,其中的困难可想而知。在这个过程中,其破坏性创新战略也从低端市场的破坏性创新,随着进入目标市场的不断升级,而逐渐过渡到高端市场的破坏性创新。在 1996~2002 年间,华为这种先在发展中国家"蚕食"市场,再进入发达国家扩大"战果"的战略路径模式,不仅是国内市场扩张中"农村包围城市"战略的再现,也很好地体现了低端市场破坏式创新的基本内涵。反观中兴通讯等其他通信设备制造企业进军国际市场的总体路径,与华为总体相似,有异曲同工之感。

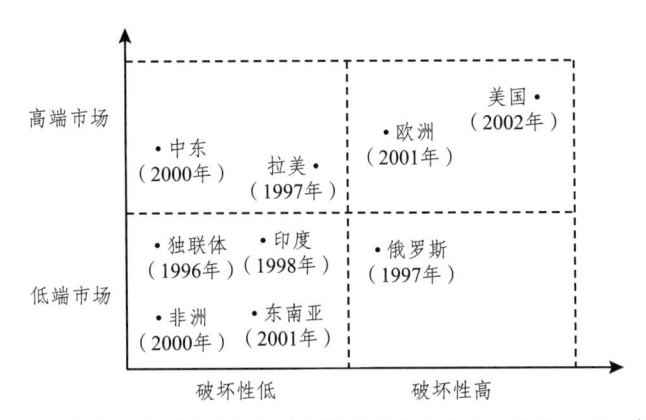

图 6 华为进入国外市场的破坏性创新战略路径:1996~2002 年

在高端市场上的破坏性创新的经典代表之一,就是华为在英国市场研发历史上的传奇作品 Single-RAN 项目,它很直观地解释了华为在新兴高端市场上成功创新战略及其回报。2007 年,沃达丰希望能够做到"从 GSM 向 3G 的平滑演进",用大白话解释就是:如何用最便宜的方法,既能保留 2G 网络,又能提供 3G 服务。这里面涉及的"多载波技术"非常难实现,但最后华为顶住压力拍板:倾无线部门全部力量,满足客户的要求。华为的研发管理系统再一次发挥威力,调用了包括华为俄罗斯研究所算法专家在内的全球资源,用一年多的时间终于攻克了多载波技术,使 SingleRAN 产品横空出世。这款产品是革命性的创新产品,能帮用户省一大笔钱,横扫欧洲几乎所有运营商,让无线产品收入跃居世界第二,并最终超过了爱立信。

(三) 强化非价格竞争力基础:持续的研发投入与开放的研发合作体系

显然,一个立志要做破坏创新者的后发大国的企业,必须要有能够去"破坏"在位企业技术优势的基本实力。而这些实力,只能在持续的研发活动中积累,在研发人员不断的试错与"干中学"中积累,在对市场一遍又一遍的研究与尝试中积累。这些努力,都会具体化为两个方面的指标,那就是研发投入和研发合作体系。以足够高的研发投入为基础,企业就可以去培训研发人员、人才队伍,以获得和发达大国领先公司竞争的基本能力。在研发资本投入方面,华为公司自成立以来,始终坚持10%左右的研发密度,近10年来的研发投入情况如图7所示。2002年,华为的研发投入为4亿美元,研发密度为14.8%,2011年,研发投入为37.7亿美元,研发密度为11.6%。10年间,华为研发投入绝对数量增加9倍,并始终将研发强度保持在10%以上。华为还坚持将研发投入的10%用于预研,对新技术、新领域进行持续不断的研究和跟踪,并坚持不断提升以客户需求为导向的创新能力。以2018年为例,华为的研发投入为113亿欧元(约合人民币891亿元)位列中国企业榜首,全球排名第五,超过了其主要竞争对手苹果(第7位)、西门子(第20位)思科(列25位)、高通(列第28位)。这在中国乃至世界同期的企业中是比较少见的,也正是华为不断缩小与发达国家主导企业之间技术差距的重要基础。

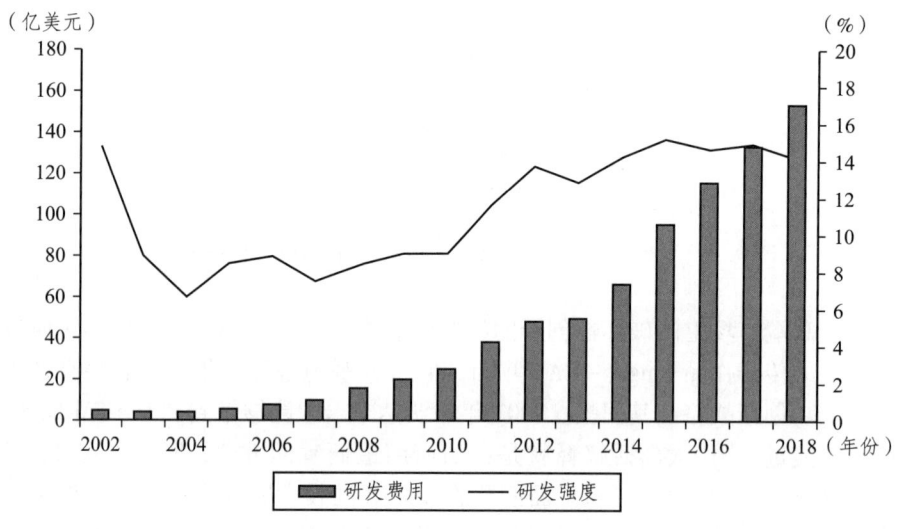

图 7 华为公司的研发投入:2002~2018 年

在破坏性技术创新过程中,华为十分重视开放式的研发合作体系建设。华为在技术研发方面坚持的基本原则是:"眼睛盯着客户,屁股对着老板"[1]。例如,1995 年,在从事 GSM 移动通信研究的同时,华为公司开始跟踪国际 3G 技术的走向,并于 1998 年正式启动商用系统研发。当时 CDMA 是新发展起来的技术,是一个典型的"不太完善"的市场,在技术成熟度和市场覆盖方面仍处于初步阶段,国内外通信企业基本处在同一起点,还没有形成巨头垄断技术和市场的局面,这为华为公司提供了新兴市场的破坏性创新

---

[1] 田涛、吴春波:《下一个倒下的会不会是华为》(第 2 版),中信出版集团 2015 年版。吴春波 1996 年开始参与《华为公司基本法》的制定与管理咨询工作,现为华为技术有限公司高级管理顾问。

机会。在这个过程中，华为公司没有将自己局限于少数几个全球价值链分工环节，而是与全球40多个国家和地区的市场分支机构、合资公司与技术研发体系合作研发WCDMA技术。在这样的研发合作体系支持下，华为1998年掌握了WCDMA的关键技术，2000年第一个商业化的WCDMA项目投入运营。2003年，华为研制出拥有全套自主知识产权的核心ASIC基带芯片，成为国内第一家能独立开发设计的厂商。同年10月，华为公司在全球率先推出商用R4系统，并首先进入阿联酋市场，为ETISALAT、SUNDAY等提供R4网络方案。这一模式同样在华为公司的下一代网络（MGN）业务中得到体现，这一业务多年来一直保持着全球出货量第一的位置。

华为的研发合作体系还包括在全球范围内组建研发中心，这标示着华为从依托国家价值链开始转向构建全球产业创新链。如图8所示，自1995年设立北京研究所与1999年设立班加罗尔设立研发中心①以来，到2017年时，华为已经拥有16个全球研发中心，28个联合创新中心。并先后加入了国际电信联盟（ITU）、联合国世界宽带委员会等国际组织。依托这些研发/创新中心，华为与世界著名的高校和科研院所形成了紧密的合作创新网络，获得了世界范围内的顶尖人才和智力资源。这些分布在世界各地的研发中心，既充分体现了华为作为一家世界级企业的全球化创新战略布局，也成为华为在全球各国市场有效实施行业领先性创新最为重要的技术平台和组织基础。从行业层面来看，这在很好地推进了中国通信设备制造业要素禀赋结构的改变，为缩小中国企业的创新偏差提供了难得的资源与能力基础。

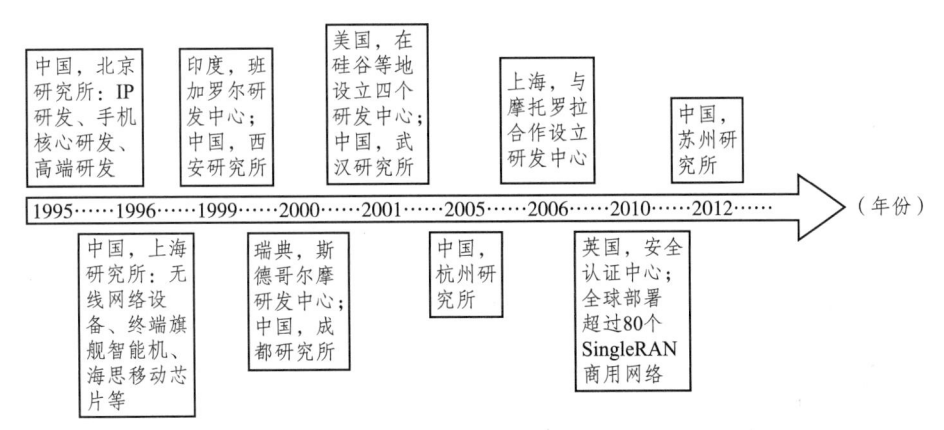

图8 华为的全球研发合作体系演进路径：1995~2012年

---

① 该研发中心分别于2001年和2003年获得CMM4级认证、CMM5级认证。从1999~2012年间，共有6000多名优秀的印度软件人才先后加入华为，不仅给华为培养和带出了众多的软件开发人才，同时在软件的商业开发和提升软件技术含量等方面也做出了巨大的贡献。

近 10 年来，华为投入的研发费用总计超过 4800 亿元人民币①，这为华为带来超强的创新产出。截至 2017 年底，华为累计专利授权 74307 件；申请中国专利 64091 件，外国专利申请累计 48758 件，其中 90%以上均为发明型专利。自 2008 年华为以 1737 件专利申请超过飞利浦成为世界第一之后，2014 年以来连年占据专利申请企业榜首。这么强劲的创新产出效率，使得华为与其所处全球价值链的原主导企业之间的技术差距不断缩小，由"跟跑""并跑"，并最终实现反超，持续地提升了非价格竞争力，成为该行业在世界范围内的"领跑者"。

（四）持续提升价格竞争力：低价、渠道和品牌建设

作为一家源自后发国家的企业，华为要实现全球价值链的突破，必然要面临如何从发达国家领先企业手里"抢市场"的现实问题。在这一过程中，首要的挑战就是这些在位企业的客户基础和品牌效应都远远超过华为。为解决这一问题，华为的基本策略就是在保证质量的前提下，使用"价格利器"，提供比这些领先企业低很多的价格，辅以更本土化的渠道体系与更好的服务。我们将华为的价格竞争力体系归纳为服务体系、品牌建设和流程管理三个方面，并用如下的图 9 来直观地描述。本小节论述渠道体系与品牌建设，流程管理在下文阐述。

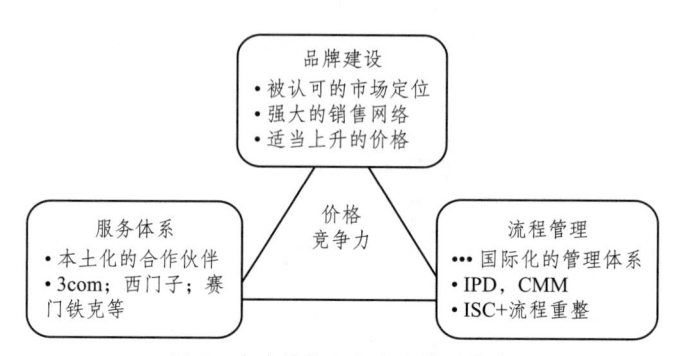

图 9 华为价格竞争力的体系构成

低价格或高性价比一直以来被视为后发国家企业进军国际市场的重要武器。以与思科的交锋为例，1999 年，华为在中国推出接入服务器后，一年之内就凭借强大的价格竞争力抢到中国新增接入服务器市场的 70%。随后，华为以此为基础，将市场开始延伸到路由器、以太网等主流数据产品。2002 年 6 月，华为在亚特兰大电信设备展上展示的数据产品，是华为

---

① 2018 年，华为的研发投入大概是 BAT（百度、阿里巴巴、腾讯）三家总和的 1.7 倍。华为在 2004 年的时候研发投入在全球排名位于 200 名开外，14 年间，华为上升了 200 多位，同时每年还以 30%的速度在增长。

全系列数据通信产品在美国市场的首次正式亮相,性能与思科产品相当,但价格却比对手低 20%～50%。初到美国市场的华为,在美国媒体上刊登的广告咄咄逼人:"它们惟一的不同就是价格"①。当年,华为在美国市场的销售额比上年增长了近 70%,而思科的销售额与市场占有率则首次出现下降。华为强势的价格竞争力,锋芒毕露,让作为本土领先企业的思科坐立不安,随后发起了与华为长达数年的调查与官司交锋。虽然双方最后达成了和解,但华为的价格竞争力无疑是其击伤、击败发达国家领先企业的最大法宝。

以价格利器在市场上撕开一条口子,然后趁机快速扩大业务规模和市场范围,这个策略对中低端市场来说无疑是一种最佳选择。但是,对于高端市场来说,价格并不是最主要的,设备供应商提供的产品和服务能否帮助他们提高竞争力和赢利能力,才是电信运营商选择供应商的核心权衡标准。华为在进军国际市场时,在强大的技术创新能力基础上(这充分保证了产品的质量),还在当地成立分支机构外,积极寻求本土合作伙伴,以合作渠道体系支持服务体系,开展互补性合作,以保证提供高质量的服务和快速的响应。2002～2007 年间,华为先后与各东道国的 3Com、西门子和赛门铁克、Global Marine 等本土公司成立合资公司,启动企业数据网络解决方案、TD - SCDMA 解决方案、存储和安全产品与解决方案、海缆端到端网络解决方案等项目的本土化研究,以确保产品对本土用户的专业化服务。在 1998～2008 年间,华为的开放程度也是史无前例的,先后与全球 400 多个运营商建立了合作伙伴关系。这些合作渠道,使得华为的服务体系形成了很好的本土化优势,为其价格竞争力提供了更有力的依托。2005 年,对全球 100 个不同的运营商的 160 名服务提供商的一项调查表明,华为在低价格的产品方面知名度最高,而且在服务和技术支持方面也有很好的声誉。华为在欧洲的迅速崛起表明服务提供商愿意终止目前的供应商的关系,与华为建立战略关系②。

价格竞争力的另一大关键影响因素是品牌。作为一个来自后发国家的品牌,华为在发达国家占据领先地位的通信设备制造业中,名字还是比较陌生的。在国际化早期阶段,华为的品牌效应更是无从谈起。理论上讲,一个国际知名品牌,是以强大的国际销售网络和普遍被认可的市场定位为基础的。随着业务规模和市场占有率的迅猛扩张,华为的品牌影响力也得到了快速的提升。2003 年底,阿联酋宣布由华为独家承建该国的 WCMDA 3G 网络项目,华为在此项目中最引为豪的,是他们第一次不是低价取胜,而是比最低的出

---

① 郭海峰:《华为 VS 思科:全景回放》,载《中国企业家》2004 年第 10 期。
② 本资调查由研究机构 Heavy Reading(重型阅读)开展。资料引自《华为价格竞争力全球第一,综合竞争实力到底如何》,http://www.techweb.com.cn/news/2005 - 03 - 02/2196.shtml。

价高出一倍，但客户依然因为他们优秀的服务选择了华为，而华为也自此成为了阿联酋 Etisalat 值得相信甚至依赖的品牌。在 2005 年 Heavy Reading 组织的调查中，华为在全球十大有线电信设备厂商排行榜中名列第 8 位，比 2003 年的名次提高了 10 位，这个进步在当年电信行业中是最大的。自 2016 年起，华为开始入围世界品牌实验室"世界品牌 500 强"的百强品牌榜。依据《福布斯》全球品牌价值百强榜，华为自 2017 年起入围，当年排 88 位，品牌价值 73 亿美元，2019 年品牌价值上升至 80 亿美元。持续上升的品牌影响力，为华为在全球范围内的价格竞争力提供了更坚实的无形资产保障，也是华为完成全球价值链成功突破、开始由追随者转变为主导者的重要标志之一。

（五）破坏性创新的组织基础：战略转型与管理升级

在全球价值链突破过程中，后发国家的企业与原链主企业比拼的不只是技术能力或产品创新能力，而是全方位的竞赛。后发企业除了坚持在技术研发方面远远超出发达国家同行外，还必须拥有与世界媲美的战略理念与管理体系。也就是说，世界一流的技术能力，与世界一流的管理能力，是后发企业全球价值链突破成功两大必备保障。华为很早就认识到，技术与产品只是企业发展的一个方面，管理的进步远比技术进步重要①。华为成功实施可持续国际化发展战略，依靠的是其多年来构建的与世界级一流企业接轨的管理体系以及其长期探索的充满活力的企业机制（吴春波，2004）。

在与众多世界级的竞争对手交手的过程中，华为意识到，国际化并不是其产品或服务进入国际市场那么简单，而是意味着企业无论经营战略还是管理体系都需要与国际惯例全面接轨。但是，这并非自然而然形成的，华为经历了一系列充满痛苦和曲折的战略转型选择。在 1996 年国际化战略正式启动后，华为在组织管理方面的挑战开始降临。1997 年，华为的及时交付率只有 50%，而同时期华为的国际竞争对手们及时交付率却高达 94%，主要原因则出在研发管理领域。和国际大公司相比，华为的各种管理都非常落后，研发管理还在沿用大哥带领兄弟们猛冲猛打的"初级作战模式"，已不能适应快速增长的客户需求，与公司越来越大的规模也越发不匹配。

1998 年，华为开始坚决地实施公司国际化战略转型，在组织管理方面进行了彻底的改革。最为重要的措施之一，就是前后总耗资 20 亿元全

---

① 正如任正非所指出的那样：在华为，管理第一，技术第二。参见黄卫伟：《以奋斗者为本》，中信出版社 2014 年版。黄卫伟自 1996 年起，受聘担任华为的高级管理顾问，曾作为执笔人参与起草《华为公司基本法》。《以奋斗者为本》一书由华为管理层联合编著，取材于任正非及公司高管的管理思想精髓。

面引入了 IBM 公司的 IPD（integrated product development，集成产品开发）管理制度和 ISC（integrated supply chain，集成供应链）管理体系。在 2000 年，又引入了 CMM[①] 体系。应该说，"IPD + ISC + CMM" 构成了华为管理国际化转型的主线和总体框架。IPD 和 CMM 是全球通用的语言体系，在营销过程中，使得不同国家的客户都可以较容易地理解华为的管理体系，并可以较快地接受华为的产品与服务。在生产过程中，"IPD + ISC + CMM" 这一套体系实现了基于流程来抓管理的过程，通过严格的业务流程来保证产品质量的一致性，最大限度地消除了人的不同导致产品有很大差异的概率。限于篇幅，我们以 IPD 为例，来阐述华为引入世界一流管理体系的总体过程。IPD 既是一种跨部门合作的体系，也是一种产品开发的理念以及模式。简单地说，IPD 是覆盖了从客户需求、概念形成、产品研究开发、产品发布等，一直到产品生命周期管理的完整过程。IPD 的核心思想在于：新产品的开发是一项决策投资，是基于市场的开发，是跨部门、跨系统的产品开发团队，是产品开发的并行工程。IPD 框架结构主要由市场管理、指标衡量、流程重整、开发团队等组成[②]。1998 年初，华为开始设计并自己摸索实施 IPD，但是惨遭失败。1999 年初，IBM 作为咨询方设计的 IPD 变革在华为正式启动。2000 年，华为以无线业务部作为第一个"集成产品开发"试点，经历了 10 个月的开发周期，把整个流程走了一遍，完成了首次试运行。2002 年，华为把所有新启动的产品项目都按照"集成产品开发"的流程来运作。前后经过五年时间按照"先僵化，再固化，后优化"的方针持续对业务体系进行变革和优化，华为直到 2003 年将 IPD 流程升级到 3.0 版本后，才真正全面推行 IPD 管理。ISC 体系的导入，与 IPD 大体相似（请参见图 10）。这一系列的战略转型和组织管理改革，使得华为树立了更有效的流程管理，保证产品质量和成本控制能力的世界级水平。总的来说，华为导入"IPD + ISC + CMM"管理模式后，让公司采用了一种整合型的组织架构，并实现了交互式的产品创新架构。从历史来看，华为在 2003 后实现了质的飞跃，收入超过 460 亿人民币，2005 年突破 660 亿。

[①] CMM 是软件"能力成熟度模型"的简称。CMM 是对于软件组织在定义、实施、度量、控制和改善其软件过程的实践中各个发展阶段的描述。CMM 的核心是把软件开发视为一个过程，并根据这一原则对软件开发和维护进行过程监控和研究，以使其更加科学化、标准化、使企业能够更好地实现商业目标。

[②] 其中，市场管理包括客户需求、组合分析。有市场，产品才有存在的必要，对市场需求的把控，是产品成功的主要原因。衡量标准使用一系列软指标及硬指标对产品开发过程进行衡量。流程重整主要包括对高层管理决策层的集成产品开发团队和执行层的产品开发团队这两类跨部门团队的管理。

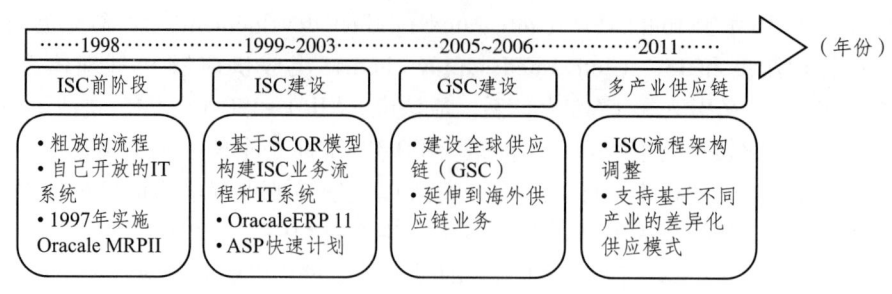

图 10 华为 ISC 体系建设历程的主要阶段

在这一时期，华为还与普华永道、合益咨询、埃森哲等世界领先管理咨询公司深入合作，全面导入了人力资源管理、财务管理、营销管理、质量控制等高水平的流程管理架构，全面构筑客户需求驱动的管理体系。总的来看，华为的组织结构是随市场形势的变化而变化的。比如，在 2005 年国际市场销售额第一次超过国内市场后，华为马上将原来和国际市场体系平行的国内市场体系"降格"为中国地区部，和其他 8 个国际地区部一起，构成华为公司的全球市场体系，在组织上适应了完全国际化的要求。这在很大程度上夯实了华为的世界级组织管理基础，支持了华为在多个市场上不断地攻城掠地，实现了对原在位企业的破坏性创新并取而代之。

（六）全球价值链突破的产业基础：国家价值链的良性发展

健全的产业系统、良好的支持产业体系与强大的国家价值链（NVC），是后发国家在全球价值链突破过程中必不可少的前提条件。所谓国家价值链，就是本土企业基于本土市场的技术和需求，掌握本产业领域专业分工的核心环节和关键技术，并能够主导和控制的、完整的本土产业价值链（刘志彪、张杰，2007）。简而言之，一个国家要真正强大起来，在全球价值链分工体系中占据"链主"位置，就必须培育一大批能够自主创新且具有国际竞争力的企业，形成一个体系合理的企业群体（石军伟、谢伟丽，2015）。总的来说，华为的快速发展，促生了中兴通讯、烽火通讯等大中型同行企业以及大量的中小企业的健康发展，形成了较为完善的支持性产业体系。这其中既有直接竞争的对手，又有友好的业务合作伙伴。以华为的企业业务为例，2014 年，华为中国区的合作伙伴数量已达 4000 多家，其中业绩超 6000 万合作伙伴达到了 20 家，金银牌总数超过了 600 家，国内前十名的系统集成商都与华为建立了战略合作关系[①]。本着"要让合作伙伴赚到钱"的基本原则，华为合作伙伴在数量快速增长的同时，业务量也是大幅提升。

在华为快速发展、积聚国际竞争力的同时，国内通信设备制造业的整体

[①] 于杰：《要让合作伙伴赚到钱》，载《中国计算机报》2015 年第 14 期。

结构也在持续优化，逐渐形成了强大的国家价值链（NVC），为华为提供了完善的产业体系和坚实的后盾支持。图 11 计算了自华为成立后的 1988～2005 年间中国通信设备制造业的产业集聚水平及其变化趋势。不难看出，空间 Gini 系数在 1999 年前经历了一个快速上升的阶段，此后又呈现出持续上升的趋势。这表明中国通信设备制造业的专业化分工程度在 1999 年前产生了实质性的改善，很好地提升了行业劳动生产率。持续上升的空间 Gini 系数表明：中国通信设备制造业企业之间的溢出效应、共生效应与协同效应得到了高水平的释放，产业结构在不断地优化。这为华为成功突破发达国家全球价值链的封锁，构造了非常可贵的产业体系和国家平台。

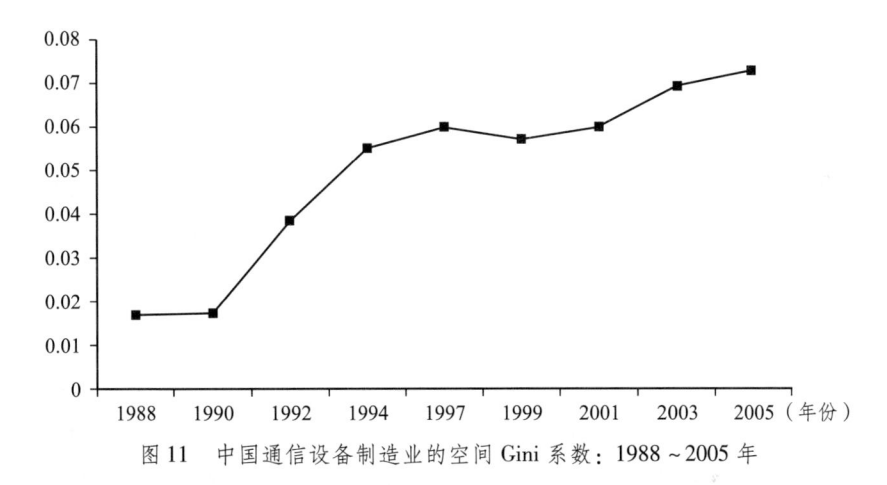

图 11 中国通信设备制造业的空间 Gini 系数：1988～2005 年

回顾华为与国家同行企业之间的"竞争恩怨录"，可以看到，华为在国内市场站稳脚跟后，在迅速形成强大市场优势的同时，并没有利用在国内市场的垄断去刻意排斥竞争对手，从事不正当竞争行为。这是中国通信设备制造企业在国际市场上避免"形单影只"困境的关键因素，为国际通信设备市场出现"中国企业群体"保留了宝贵基础。例如，1998 年，华为在国内"巨大中华"（巨龙通信、大唐电信、中兴、华为）四大通信设备供应商国内格局中位居首位后，很快将目光投向国际市场，这很好地维持了中国通信设备制造业的良性竞争状态。比如，华为与中兴既互视对方为最大的威胁，又互视对方为学习、研究的榜样和对象，它们从国内市场"打到"国外，最终成为在世界通信市场上光辉闪光的中国"双子星"。这种"竞合"式的市场结构与产业组织生态，不仅极大地改善了产业链基础和创新链素质，而且塑造了该产业的国家价值链，提升了中国通信设备制造业相关企业的群体竞争力。

（七）全球价值链突破的综合基础：政策支持与市场导向

在后发国家，政府的政策导向对新兴产业中企业的创新活动有着重要作用。不少后发国家获得全球价值链升级的实践表明,政府对企业的支持会对企业治理全球价值链产生关键影响(Keaner,2012)。华为在突破全球价值链封锁过程中,首先遭受到的是竞争对手强大的政府支持力度。例如,华为历史上的第一次国外项目投标是 1996 年埃塞俄比亚电信管理局的 42 万线交换机项目,虽然华为在竞争中获得了综合评分第一,但最终是第二名的爱立信公司中标,主要原因是瑞典政府的高调介入,为埃塞俄比亚提供 2700 万美元无偿捐赠款以及 3000 万美元的无息贷款。而当时的中国,显然不可能为华为提供类似的财政支持和出口信贷保障。2003 年,思科起诉华为,其实是发达国家领先企业使用知识产权作为工具设置进入壁垒,排斥挑战者的一种竞争策略,思科通过种公开或私有的标准协议为华为设置了重重障碍。外国政府在运用知识产权政策维护其关键技术优势和全球价值链控制者地位方面从来没有袖手旁观过,美国总统访华,必谈采用美国企业标准等知识产权问题。但当时,中国政府在国家层面上的知识产权战略体系尚未健全,让思科等跨国公司钻了较大的空子。因此,思科与华为之间的竞争也可被视为一场披着法律外衣的中美两国工业体系的综合较量(张明、路风,2003)。

要想成为世界范围内的全球价值链"链主"之一,必须顺应市场机制在国际化竞争中胜出,让市场规则成为检验自身竞争力和产业领导力的主导机制。作为一家民营企业,华为在技术创新过程中也从中国市场体系的逐渐完善进程中受益不少,以此为基础,主要是通过市场规则来协调多元化的国际市场关系。比如,1996 年中国政府规定,电信部门的设备采购权要上报省市一级,并逐渐转向招投标的方式。这使得当时还是小企业的华为的技术研发体系由混乱逐步走向了规范,自主创新的方向也更为明确。此外,华为公司所在的深圳市作为经济特区,拥有相对完善的市场体系、科技情报网络平台与科技投融资体系,为华为公司研发有前瞻性的共性技术问题提供了非常大的帮助。此外,华为在早期的市场国际化阶段,较大程度上依托了中国政府与第三世界国家、转型经济体建立的友好合作国际关系,从而免除了大量的国际政治障碍。但是,在华为国际化的进程中,政府的角色是在日益淡化的,而市场化色彩在不断深化。这在"思科案"中体现得最为直接。华为并没有依靠政府介入或利用民族情绪,而是在商言商,选择了与美国本地律师事务所、公关公司、合作伙伴等合作,通过商业利益和竞争规则赢得最终的胜利。

七、研究结论与政策建议

(一)主要结论

借助"等竞争优势曲线"的模型框架,本文论证了后发大国在加入全球价值链分工体系中陷入"比较优势陷阱"的理论机理及其动态演化结构，提出"产业消解"和"创新偏差"是引致后发国家企业被发达国家"锁定"全球价值链低端、无法跨越"比较优势陷阱"的主要机制。其中，"产业消解"后发大国企业面临全球价值链突破困境的宏观原因，而"创新偏差"的存在则是后发国家遭遇全球价值链锁定的微观基础和深层原因。对中国通信设备制造业的华为公司的案例研究结果，证实了本文理论框架的有效性，结果表明：华为正是采取了"创新偏差"最小的战略路径，完成了全球价值链的突破，并带领中国通信设备制造业成功跨过了"比较优势陷阱"，建立了从"中国制造"到"中国创造"的国际领导者形象。本文还发现，要突破发达国家主导的全球价值链封锁，后发企业选择合适的价格竞争力与基于破坏性创新的非价格竞争力的战略组合非常重要，这决定了其在全球价值链突破过程中的战略路径及其成效。在低端市场，"价格竞争力＋基于低端破坏性创新的非价格竞争力"组合有效，在高端市场"价格竞争力＋高端破坏性创新的非价格竞争力"有效。不同的战略组合构成了后发企业创新突破路径的选择模式，这对主流文献中"工艺升级—产品升级—功能升级—链的升级"的线性升级路径的重要扩展。案例研究结果也证实：后发企业突破全球价值链的核心是基于破坏性技术创新的非价格竞争力，突破路径不是线性而是非线性的、不是静态而是动态演化的、不是单维而是多维的。突破路径空间既包括了价格竞争力和非价格竞争力的组合，也包括了国内市场与国际市场的叠加，还包括了政府的宏观政策、产业基础体系、持续的创新投资、世界级管理创新和微观组织结构调整等跨层次、多种要素的有效整合。

（二）政策建议

后发大国突破发达国家的全球价值链封锁，事关产业国际领导力与国家竞争优势的塑造，既不能武断地认为是政府的担当或使命，也不能简单地归结为企业的追求和任务，而是应该有机协调政府与企业的关系，既要发挥政府在行政计划方面的推动作用，也要发挥企业在激发市场机制活动方面的关键角色。本文的政策建议包括六个方面，前三个方面侧重于政府在宏观层面的作用，后三个方面集中论述企业应该努力的战略方向。

第一，政府需要多管齐下培育本土市场，坚决支持本国企业积聚破坏性创新能力。在后发企业突破全球价值链锁定的过程中，本土市场是其积聚破坏性创新能力最重要的资源依托和机会保障。因此，后发大国的政府部门有义务保护新兴产业市场优先向本土企业开放，并积极培育国内中高端市场需求，为本土企业积累创新能力、形成本土化产业体系、进而主导本产业国家价值链提供宝贵的"机会窗口"和市场基础。首先，政府部门应该出台政府采购政策或关键装备采购管制政策，大力扶持本国增长潜力大但市场尚未完全开发的新兴产业，为本土企业培养破坏性技术并不断升级技术创新能力提供规模化的早期市场需求。这在发达国家和发展中国家都是普遍采用的政策措施。其次，为新兴产业的产品进入本土市场提供价格补贴，通过降低消费者购买成本的方式，提升国内需求的多样性和大规模性。再次，积极推广新兴产业的新产品示范工程，提升消费者对新技术或新产品的认知水平，增强消费者的消费信心和购买欲望。最后，利用大国效应，注重国内市场的适度保护与市场整合。必须认识到，新兴产业不同传统产业，在发展早期引入国际竞争会加剧新兴产业的脆弱性。所以，适度保护国内新兴产业的市场需求是后发大国应该选择的基本政策。在适度保护的同时，后发大国的政府部门需要提供高质量的制度体系和营商环境，在消除地方保护主义、促进国内市场整合方面做出实质性改善，避免"对外改革开放，对内分割保护"，为新兴产业获得国内市场规模经济效应提供有效的制度支持。

第二，持续投资高级生产要素，积极推动要素禀赋结构的转变和升级，缓解企业在获得破坏性技术创新能力方面面临的关键要素制约。全球价值链分工地位的分配，最根本的依据是生产要素禀赋结构。后发大国虽然拥有丰富的自然资源和普通生产要素，但在高素质人力资本为核心的高级生产要素方面却先天不足。因此，要成功跨越"比较优势陷阱"，完成全球价值链突破，后发大国需要加大对高级生产要素的持续投资，主要包括完善教育体系、提升教育质量、加大人力资本投资、重视科学与技术基础研究、改进有利于创新的制度与规则以及促进企业间、企业—大学关系的高科技园区建设等方面。具体措施包括：尖端人才辅助系统，对国内新兴产业急需的关键人才，给予专门的经费资助或提供便利的研究条件；大力投资产业研发平台建设，这可以是制度方面设立专门法规促进企业间设立联合研发组织，也可以是设立产业技术孵化中心以加快新兴技术的孵化和转化，还可以是设立专门经费引导多元化创新主体（企业、科研机构、基础教育部门等）协作创新，集中攻克破坏性技术难题。通过持续改变生产要素的禀赋结构，为本企业提升全球价值链地位提供坚实基础。这在美国、德国等欧盟国家，已经是政府部门支持新兴产业发展的普遍政策实践，值得在后发国家学习、推广和落实。

第三，强化产业基础技术的供给体系建设，为突破全球价值链提供必需的互补性基础设施，缩小与发达国家的在创新体系方面的差距。基础技术是关键技术创新必需的互补性资源，可以视为国家创新能力的重要组成部分。比如，在制造业中，为了快速地开发和实施某种先进的工艺控制战略，需要同样先进的测量基础技术为前提，而这种技术不仅仅对单一行业有价值，而是对绝大部分行业都是必须使用的。全球价值链突破所需要的破坏性技术，不只是某个单一技术，而是一种相互关联的技术体系。后发国家需要多方努力，以强化产业层面的基础技术的供给能力，为企业的破坏性技术提供必要的互补性创新能力，缩短在技术基础设施建设方面与发达国家的差距。对那些涉及多个新兴产业的共性基础技术，更是应优先建设本国的供给体系。这些共性基础技术主要包括两大类：一是重要的行业标准，需要从国家知识产权战略层次上构建跨国标准协调机制，积极推动国内的产业标准与国外标准的动态互容水平，既为本国企业的破坏性创新提供前期支持并推广应用基础技术，也可以预防发达国家利用本国的标准"漏洞"来封锁或排斥本国企业的创新空间；二是技术基础设施建设，如推广先进的测定方法、构建产业基础技术数据库、分行业打造产品性能测试数据平台等，这对那些以技术为基础的产业的长期贡献将非常显著，也正是新兴产业发展所急切需要的。有了基础技术为基础，企业在突破全球价值链封锁过程中，既能够时刻感受到有技术体系的"国家队"在背后的坚定支持，又可以低成本地集中于关键技术创新。

第四，后发企业要坚持持续的研发投资，积极培育世界级的非价格竞争力，努力缩小与发达国家企业的技术差距。在全球价值链突破的过程中，后发国家企业的价格竞争力很重要，但这只是早期的竞争手段之一，必须以非价格竞争力为根本。后发企业要保持"战略耐心"，坚持高水平的研发投入和人力资本投资，逐渐通过积聚关键生产要素，掌握破坏性创新必需的关键技术，这是突破发达国家主导的全球价值链封锁的战略核心所在。当破坏性技术创新获得突破时，非价格竞争力与价格竞争力将与价格竞争力相辅相承，帮助后发国家企业在全球价值链地位之争中逐渐占据主动。需要指出的是，在加入全球价值链分工体系时，后发国家企业的创新知识来源不应仅局限在组织内部，而是要坚持采用开放式创新模式，不断从企业竞争对手吸收多元化的技术知识，同时积极与上下游合作伙伴、科研机构与高等院校之间形成开放式的协同创新体系，构建涉及技术研发、市场研究、产品设计、高质量制造、零部件生产、成品检测等各个环节的新兴产业创新生态系统，切实开展"探索性研发"活动，努力从获得外围技术向获取核心技术转型，持续努力缩小与发达国家的技术差距，直到获得破坏性技术，实现向全球价值链主端环节的攀升。

第五，后发企业要构建"双引擎模式"和"双追赶机制"，培育前瞻性的市场需求分析培育破坏性创新能力，不断缩小创新偏差。缩小创新偏差的关键在于企业群体要形成一致的破坏性创新战略导向。企业要充分利用内需外需的"双引擎模式"，来捕捉关键破坏性创新的机会窗口。其中，利用外需来接触最前沿的市场需求，内需用来检验前沿需求与本土需求的匹配性，从商业模式创新与技术创新两个方面来激发破坏性创新，通过构建技术与市场"双追赶机制"，形成与发达国家领先企业不同的破坏性技术。以此为基础，后发大国的企业才可能借助国内市场大规模的需求达到高质量的产业化，完成国家价值链的构建，最终实现全球价值链的突破，替代发达大国的主导地位。需要指出的是，对本土市场需求的系统研究与开发是后发企业

"本土创新能力"的核心,也是后发企业自主创新的根本拉动力。后发企业突破全球价值链封锁的过程中,需要谨防技术导向完全替代市场导向的风险。破坏性创新的要诀在于对动态变化的市场环境和客户需求的准确理解和前瞻性预判。这既需要研究本土市场需求,更要研究发达国家市场需求以及欠发达国家的需求特征。一般而言,市场需求结构与一国的工业化水平与经济发展阶段是密切相关的。新兴技术扩散的"波浪模式"表明,发达国家最早出现的市场需求激发了新兴技术与新兴产品,然后传导到新兴工业化国家,然后再进一步传导到后发国家,最后扩散到第三世界的中低收入国家。因此,后发企业应该在发达大国、新兴工业化国家、本国与中低收入国家的需求分析方面构建一个完善的监测体系,寻找破坏性创新的机会。

第六,企业要树立"管理第一"的战略理念,必须要有世界级的企业管理体系作为全球价值链突破的组织保障。企业必须清晰认识到这样一个事实:技术竞争力不是企业竞争力的全部,高效的管理能力是后发国家领军企业自主技术创新和关键技术突破的有力保障。这既需要企业确定明确的组织创新战略,还需要企业从组织架构到产品生产流程等各个方面同时消除"短板",这是缩短创新偏差必不可少的关键前提。要想超越世界级的竞争对手,自己首先要在各个方面必须具备世界级的水平。只有这样,后发企业才能够实施破坏性创新的战略导向,才可能持续不断的缩短创新偏差,直到将在位的领先企业拉下马,自己成为 GVC 的主导者。正如华为创始人任正非在2000 年所指出的那样:"没有一流管理,领先的技术就会退化;有一流管理,即使二流技术也会进步"(黄卫伟,2014)。管理创新既是技术创新的"催化剂",也是创新成果的"放大器",因此,管理创新的质量决定了企业破坏性创新的战略方向和实施质量。

参 考 文 献

[1] 陈涛涛:《影响中国外商直接投资溢出效应的行业特征》,载《中国社会科学》2003年第 4 期。
[2] 戴翔、张二震:《逆全球化与中国开放发展道路再思考》,载《经济学家》2018 年第1 期。
[3] 邓向荣、曹红:《产业升级路径选择:遵循抑或偏离比较优势》,载《中国工业经济》2016 年第 2 期。
[4] 侯媛媛、刘文澜、刘云:《中国通信产业自主创新体系国际化发展路径和影响机制研究》,载《科技促进发展》2011 年第 11 期。
[5] 黄永春、郑江淮、张二震:《依托于 NVC 的新兴产业开放互补式技术突破路径——来自昆山新兴产业与传统产业的比较分析》,载《科学学研究》2014 年第 4 期。
[6] 洪银兴:《从比较优势到竞争优势:兼论国际贸易的比较利益理论的缺陷》,载《经济研究》1997 年第 6 期。

[7] 贾根良：《美国学派与美国的工业化：经验教训与启示》，载《经济社会体制比较》2010年第2期。
[8] 江小涓：《大国双引擎增长模式：中国经济增长中的内需和外需》，载《管理世界》2010年第6期。
[9] 克里斯坦森、雷纳著，林伟、李瑜偲、郑欢译：《创新者的解答》，中信出版社2010年版。
[10] 李辉文：《现代比较优势理论的动态性质——兼评"比较优势陷阱"》，载《经济评论》2004年第1期。
[11] 林跃勤：《新兴大国新兴产业发展与合作研究——基于金砖国家的一个比较分析》，载《社会科学研究》2012年第5期。
[12] 刘涛雄、周碧华：《我们能避免"比较优势陷阱"吗？》，载《宏观经济研究》2012年第6期。
[13] 刘志彪、张杰：《全球代工体系下发展中国家俘获型网络的形成、突破与对策》，载《中国工业经济》2007年第5期。
[14] 卢锋：《产品内分工》，载《经济学（季刊）》2004年第4期。
[15] 陆善勇、叶颖：《中等收入陷阱、比较优势陷阱与综合优势战略》，载《经济学家》2019年第7期。
[16] 陆文聪、许为：《中国落入"比较优势陷阱"了吗？》，载《数量经济技术经济研究》2015年第5期。
[17] 欧阳峣、易先忠、生延超：《技术差距、资源分配与后发大国经济增长方式转换》，载《中国工业经济》2012年第6期。
[18] 石军伟、王迪、赵峰：《电动汽车产业以技术换市场的实践选择》，载《重庆社会科学》2011年第12期。
[19] 石军伟、王玉燕：《中国西部省份工业结构同构度测算及其决定因素——基于SIP框架的分析与实证检验》，载《中国工业经济》2013年第3期。
[20] 石军伟、赵峰：《中国新能源汽车产业创新机制研究》，湖北人民出版社2016年版。
[21] 石军伟、谢伟丽：《世界大国工业竞争力评价与演进趋势：2000~2010》，载《产业经济评论（山东大学）》2015年第3期。
[22] 陶锋和李诗田：《全球价值链代工过程中的产品开发知识溢出和学习效应——基于东莞电子信息制造业的实证研究》，载《管理世界》2008年第1期。
[23] 佟家栋、谢丹阳等：《"逆全球化"与实体经济转型升级笔谈》，载《中国工业经济》2017年第6期。
[24] 吴春波：《静水潜流——华为国际化的启示》，载《中国企业家》2004年第10期。
[25] 杨高举、黄先海：《中国会陷入比较优势陷阱吗？》，载《管理世界》2014年第5期。
[26] 杨洪焦、孙林岩、梁冬寒：《我国高新技术产业聚集度的变动趋势及区位优势分析——以电子及通讯设备制造业为例》，载《科学学研究》2009年第9期。
[27] 殷·罗伯特：《案例研究：设计与方法》，重庆大学出版社2010年版。
[28] 袁俊：《富国愈富，穷国愈穷：全球产业分工体系与企业科技创新》，载《机电设备》2005年第4期。

[29] 余振、周冰惠、谢旭斌、王梓楠：《参与全球价值链重构与中美贸易摩擦》，载《中国工业经济》2008 年第 7 期。

[30] 张建忠、刘志彪：《知识产权保护与"赶超陷阱"——基于 GVC 治理者控制的视角》，载《中国工业经济》2011 年第 6 期。

[31] 张杰、郑文平：《全球价值链下中国本土企业的创新效应》，载《经济研究》2017 年第 3 期。

[32] 张明、路风：《思科诉华为：对中国企业技术能力成长和政府政策的思考》，载《国际经济评论》2003 年第 4 期。

[33] 张其仔：《比较优势的演化与中国产业升级路径的选择》，载《中国工业经济》2008 年第 9 期。

[34] 郑捷：《如何定义"大国"》，载《统计研究》2007 年第 10 期。

[35] 周升起、兰珍先、付华：《中国制造业在全球价值链国际分工地位再考察》，载《国际贸易问题》2014 年第 2 期。

[36] 朱瑞博、刘志阳、刘芸：《架构创新、生态位优化与后发企业的跨越式赶超》，载《管理世界》2011 年第 7 期。

[37] Acemoglu D., Aghion, P., and Zilibotti, F., 2006: Distance to Frontier, Selection and Economic Growth, *Journal of the European Economic Association*, Vol. 4, No. 1.

[38] Amiti, M., Itskhoki, O., and Konings, J., 2014: Importers, Exporters, and Exchange Rate Disconnect, *American Economic Review*, Vol. 104, No. 7.

[39] Baldwin R. and Lopez - Gonzalez J., 2015: Supply-chain Trade: A Portrait of Global Patterns and Several Testable Hypotheses, *The World Economy*, Vol. 38, No. 11.

[40] Bell, M., 2007: Technological Learning and the Development of Production and Innovative Capacities in the Industry and Infrastructure Sectors of the Least Developed Countries: What Role for ODA? Background Paper No. 10 for The Least Developed Countries Report, Geneva: UNCTAD.

[41] Chesbrough, H. and Kusunoki, K., 2001: The Modularity Trap, Innovation, Technology Phases Shifts and the Resulting Limits of Virtual Organization, in *Managing Industrial Knowledge* (Nonaka, I. and D. Teece, eds.), Sage Press.

[42] Christensen, C., 1997: *The Innovator's Dilemma: when New Technologies Cause Great Firms to Fail*, MA: Harvard Business School Press.

[43] Danneels, E., 2003: Tight - Loose Coupling with Customers: The Enactment of Customer Orientation, *Strategic Management Journal*, Vol. 24, No. 6.

[44] Gereffi, G., Humphrey, J., and Sturgeon, T. 2005: The Governance of Global Value Chains. *Review of International Political Economy*, Vol. 12, No. 1.

[45] Helpman, E., 1993: Innovation, Imitation, and Intellectual Property Rights. *Econometrica*, Vol. 61, No. 6.

[46] Hoetker, G., 2006: Do Modular Products lead to Modular Organizations? *Strategic Management Journal*, Vol. 27.

[47] Humphrey, J. and Schmitz, H., 2002: How does Insertion in Global Value Chains a ect upgrading industrial clusters? . *Regional Studies*, Vol. 36, No. 9.

[48] Kadarusman, Y. and Nadvi. K., 2013: Competitiveness and Technological Upgrading in

[49] Keane, J, 2012: The Governance of Global Value Chains and the Effects of the Global Financial Crisis Transmitted to Producers in Africa and Asia, *Journal of Development Studies*, Vol. 48, No. 6.

[50] Morrison, A., Pietrobelli, C., and Rabellotti, R., 2008: Global Value Chains and Technological Capabilities: A Framework to Study Learning and Innovation in Developing Countries, *Oxford Development Studies*, Vol. 36, No. 1.

[51] OECD, 2008: *Moving Up the Value Chain: Staying Competitive in the Global Economy*, OECD Publishing.

[52] Pietrobelli, C. and Rabellotti, R., 2011: Global Value Chains Meet Innovation Systems: Are There Learning Opportunities for Developing Countries? *World Development*, Vol. 39, No. 7.

[53] Porter M., 1990: *The Competitive Advantage of Nations*, New York: The Free Press.

[54] Saito, M., Ruta, M., and Turunen, J., 2013: *Trade Interconnectedness: The World with Global Value Chains*, International Monetary Fund, Working paper.

[55] Schmitz, H., 2006: Learning and Earning in Global Garment and Footwear Chains. *The European Journal of Development Research*, Vol. 18, No. 4.

[56] Tsai, K. H. and Wang, J. C., 2005: An Examination of Taiwan's Innovation Policy Measures and Their effects. *International Journal of Technology and Globalisation*, Vol. 1, No. 2.

[57] Xu, J., 2017: Globalization in Reverse and Its Transformation, *China International Studies*, No. 7.

Comparative Advantage Trap, Innovation Bias and the Breakthrough of Global Value Chain of Developing Countries

—A New Perspective and Empirical Evidence

Junwei Shi

Abstract: The Iso-competitive-advantage model is developed in this study to analyze the theoretical mechanism of "comparative advantage trap" that developing countries fall into when they join the global value chain that is dominated by developed countries. Industrial fragmentation caused by the interruption of technology transfer by advanced countries features the practical basis that makes developing countries in the dilemma of global value chain. Innovation bias was created to construct the non-linear trajectory space which developing countries can choose to break through the global value chain. The determinants of innovation bias are discussed from varied lens of market demand, policy orientation, technological distance and organization strategy. The case study on Huawei is utilized to examine the significance of the theoretical framework. Several policy implications to cast away the traditional linear upgrading trajectory are put forward, such as cultivating domestic demand, developing industrial basic system of technology, increasing technological R&D investment and world-leading management innovation system and so on, to accumulate the capability of disruptive innovation, narrow innovation bias, raise non-price competitiveness, and obtain successful breakthrough of global value chain eventually.

Key Words: Comparative Advantage Trap Innovation Bias Global Value Chain Huawei Large Developing Country

JEL Classification: F63 O32 O38 O14

低碳城市政策对产业结构的影响

——一个准自然实验的视角

逯　进　刘　璐　王晓飞[*]

摘　要：空格非全角以低碳城市试点的设立作为准自然实验，基于2003~2016年中国223个地级市数据讨论了低碳城市政策对产业结构的作用机制。结果显示，①低碳城市政策的实行会显著抑制第二产业、促进第三产业的发展，以此有效促进了产业结构升级。同时，这一政策具有明确的正向空间溢出效应。②在考虑到环保约谈、中国制造2025以及新能源试点等其它相关政策影响后，虽然低碳城市政策对产业结构的影响有所减弱，但其正向影响依然十分显著。③低碳城市政策会通过经济绩效考核、技术创新、绿色消费观念等中介变量影响产业结构水平。然而政策所带来的产业升级效应是建立在一定的市场基础之上的，市场力量是此政策发挥作用的前提。

关键词：低碳城市政策　产业结构优化　准自然实验

多年来，伴随中国经济的快速成长，以粗放式生产为特征的发展方式虽然很好地契合了"劳动力无限供给"与"高强度储蓄"所支撑的比较优势的释放，但低水平的生产结构固化、供求结构的失衡已明确显现出经济发展的不可持续性。回望发展之路，快速城市化和工业化在促进经济发展的同时也迫使中国付出了环境恶化、资源锐减的沉重代价。2006年中国二氧化硫排放量已达到2589万吨，超过了环境理论容量的一倍以上。科技部发布的《全球生态环境遥感监测2018年度报告》显示，近年来中国二氧化碳浓度呈现持续上升趋势，中国已成为全球最大的碳排放国；2017年中国碳排放总量超过美国和欧盟总和，占全球碳排放量的27.32%。同时，2017年中国的能源消费占全球能源消费总量的23.2%，而国内生产总值只占世界经济比重的

---

[*] 本文受国家社会科学基金项目"人口结构转变对我国经济发展影响的时空演化机制研究"（18BJL117）资助。
感谢匿名审稿人的专业修改意见。
逯进：青岛大学经济学院；地址：青岛市崂山区松岭路49号，邮编262200；Email：lujin218@163.com。
刘璐：中山大学管理学院；地址：广州市海珠区中大东北区386号，邮编510275；Email：liulu9310@126.com。
王晓飞（通信作者）：青岛大学经济学院；地址：青岛市崂山区松岭路49号，邮编262200；Email：wangxiaofeifei5@126.com。

15%，中国的能源利用效率和能源转化率低于世界平均水平，能源消耗支撑的粗放式增长模式非常明显。

鉴于经济发展与资源、环境的矛盾日益尖锐，由此推动了中国绿色发展的改革进程。自"十一五"以来，中国开始全面加强环境监管力度，以有效控制碳排放。而城市作为节能减排和控制环境污染的主体，是发展低碳经济、应对气候变化的基本行政单元。在此背景下，以低能耗、低污染为基础的"低碳城市"新政策应运而生。低碳城市项目最早可追溯于 2010 年，国家发改委确定了 5 省 8 市作为首批低碳城市的项目试点，2012 年、2017 年分别公布了第二批、第三批城市试点名单。当前，共有低碳省份 6 个，低碳城市 81 个，大陆 31 个省区市至少有一个低碳试点城市，低碳城市试点已在全国全面铺开。

回顾政策试点以来的主要变化可以发现，以 2008 年金融危机后顶层设计的宏观经济提质增效思维为引领，从产业转型与结构升级层面推进经济结构的根本性调整，对低碳城市政策实践产生了全面的正向回应。这一政策的推行有效抑制污染性产业规模的扩张，进而促进高新技术产业、战略新兴产业及现代服务业的发展。

当前，以"低碳城市"建设作为国家绿色发展战略的主轴，低碳发展理念在三次产业结构的持续优化进程中得以逐步落实，产业绿色发展开始步入正轨。然而，面对依旧严峻的环境问题，展望未来高质量的宏观经济发展通途，如何持续提高低碳城市政策的有效性以应对环境污染问题，进而加快实现低碳城市与产业结构优化的协同共进，就显得尤其重要。而要实现这一目标，在产业层面对这一政策试点以来的作用与效果做出全面而准确的评估，则具有基础性的重要意义。为此本文欲在这一领域开展尝试性的研究。

一、文献回顾与研究假说

（一）文献回顾

从政策的约束条件、实施方案以及目标效果看，可以将低碳城市政策划归于环境规制的范畴。环境规制是政府通过设定明确的规范或是标准，缓解经济主体行为活动的负外部性（韩超、王震 2019）。现有研究针对环境规制与产业发展的讨论颇丰，依据研究结论的差异，可将现有研究划分为两类相左的观点：第一类观点基于"遵循成本说"，认为环境规制存在挤出效应（Zhao and Sun，2016），环境规制会增加企业的环境治理成本，在环境标准的约束下，企业进行生产和销售的难度增加，这会使得企业的资本、劳动等要素投入有所降低，进而影响产业的发展，降低产业竞争力（杨骞等，2019）。但此类观点并未考虑环境规制的实行对生产过程的影响，若将环境规制对生产过程的影响考虑在内,部分学者则得出了截然相反的结论,即严格且设计良好的环境规制政策不仅不会阻碍产业发展,而且还会倒逼产业结构升级,提高产业竞争力(张茜等,2018)。一方面,基于"创新补偿说"(Albrizio et al.,2017),从企业生产过程来看,企业为了实现利润最大化,必然会不断调整其要素投入和产品结构,恰当的环境规制会加速此调整过程,此过程中利于激发企业进行技术创新的积极性,从而促进产业发展(Xie et al.,2017);另一方面,基于"污染避难所假说"(Zheng and Shi,2017),环境规制强度的差异会形成不同的环境治理成本,这会造成资本回报率的差异,高污染行业会倾向于转向环境规制相对宽松的区域,因此环境规制的实行利于促发区域内污染产业的迁移,从而推动区域内产业结构的优化升级(董直庆、王辉,2019)。

从试点城市政策的相关研究看,主要集中于对政策的评价方面。有关这一政策的评价方法可以归纳为三类:第一类,通过构建评价指标体系评估试点城市的发展情况(Tan et al.,2017;周枕戈等,2018)。指标评价体系主要有三种:一种是基于2011年中国社科院公布的低碳城市评估标准从低碳生产力、低碳消费、低碳资源和低碳政策4方面构建的指标体系(仇保兴,2012);第二种是基于可持续发展的视角构建的评价体系,包括经济、技术、能耗排放、社会、环境5方面(付允等,2010);第三种是基于城市能耗排放构成部门,将低碳产出指标、低碳消费指标、低碳资源指标和低碳政策指标纳入评价标准(庄贵阳等,2011)。指标体系评价法在指标权重的设定方面存在主观性过强的缺陷,且依赖于定性指标进行评价,其科学性和准确性相对不足。第二类,通过合成控制法分析低碳城市的政策效应。合成控制法为每个控制组的个体赋予一个权重,加权后构造出一个与试点城市高度相似的合成控制组。有学者运用合成控制法评估了试点城市政策对电能消费强度的影响,通过对比试点城市与合成控制组的电能消费可以发现低碳城市政策具有降低电能消费的政策效应(李顺毅,2018)。但合成控制法的适用范围有限,通常用于个案分析,合成控制组的样本数量一般较少,在分析多样本时需要对总量进行加总。第三类,通过双重差分法(DID)评价试点城市政策。双重差分法是当前进行试点政策效果评估最有效的方法之一。一方面,相较于综合指标法这种静态的比较法,DID通过对城市面板数据的回归,可以判断试点城市政策的影响是否具有显著的统计意义。另一方面,将低碳城市这一外生事件冲击作为自变量进行研究,可以很好地避免由于自变量与因变量之间存在双向因果而产生的内生性问题。此外,由于低碳城市的样本分组独立于个体异质性,DID可以控制不可观测的个体异质性对因变量的影响,从而分离出低碳城市试点的实际政策效应。不过从现有研究看,运用DID评价试点城市政策实施效果的实证研究较少,仅有部分学者以第一批试点省份为考察样本,分析了试点城市政策与碳排放强度的关系(邓荣荣、詹晶，2017）。

  基于以上文献梳理可知，虽然当前环境规制与产业结构优化的研究相对丰富，但针对环境规制的具体措施——低碳城市政策对产业结构优化的研究并未见到。同时，鉴于我国试点城市政策正全力推进，国家意欲于 2020 年在全国范围内推广试点城市的经验，因此，对低碳城市政策效果进行深入解析具有重要的现实意义。为此，本文欲以低碳城市试点的设立作为准自然实验，考察这一试点政策对产业结构优化的影响。

  （二）研究假说

  长期以来，中国的产业结构优化依赖于产业政策的引导，具有明显的被动调整特征，这使得产业结构优化缺乏内在激励。而低碳城市政策的实行恰恰可以通过减排目标的约束给企业提供自发激励。因此，将低碳城市政策作为产业结构优化的内生激励，考察其对产业结构调整的倒逼机制，具有重要价值。

  《国家发展改革委关于开展低碳省区和低碳城市试点工作的通知》（以下简称《通知》）中指出，"要建立以低碳、绿色、环保、循环为特征的低碳产业体系。要结合本地区产业特色和发展战略，加快低碳技术研发示范和推广应用。大力发展低碳的战略性新兴产业和现代服务业"。由此可知，产业结构升级是低碳城市政策建设的重点之一。一方面，相较于以往按计划命令而统一实行的环境规制政策，试点城市这项因地制宜的政策具有更强的针对性和灵活性，也更为严格。此政策创新了环境治理机制与管理体制，试点城市应对气候变化的管理体制从无到有，在政策实施过程中，国家发改委与地方发改委建立联系机制，定期评估低碳试点的工作进展。严格的环境监管机制，使得污染密集型、高耗能型产业承担的环境治理成本增加，部分污染型企业会因成本的提升而被迫退出市场（Czarnitzki and Licht，2010）。另一方面，各试点城市都制定了详细的符合地区特色的碳排放峰值目标和路线图，并将碳排放任务分配给重点企业，此项政策的碳约束相对更为严格。严格的碳排放要求将增加污染型产业的进入成本和边际生产成本，与污染密集型产业相对比，第三产业将获得比较优势（徐志伟，2016），因而低碳城市政策抑制了污染性产业规模的扩张，促进了第三产业的发展，从而有效推动了产业结构的升级。

  据此，本文提出假设 1：低碳城市政策将会影响产业结构水平，其并不利于第二产业发展，但利于第三产业的发展，由此促进了产业结构的升级。

  根据中国能源和碳排放研究课题组的定义，低碳城市是指以低碳经济为发展模式及方向、市民以低碳生活为理念和行为特征、城市管理以低碳社会为建设标本和蓝图的城市。这一政策意图构建以政府为主导、企业为主体、社会组织和公众共同参与的环境治理体系。按照这一定义，并基于《通知》

所提出的具体任务，本文将分别从政府、企业以及公众角度对假设1做出基础解析。

1. 政府

按照我国的行政管理体制，中央和上级政府对地方政府官员的升迁考核仍主要依据经济绩效。在GDP挂帅的考核机制下，地方政府官员既要面临上级政府的经济绩效考核，也要面临同级间的政绩竞争压力。改革开放后很长一段时间内，环境绩效考核的比重相对较小，各地方政府往往会选择牺牲环境以寻求快速经济发展，一般会着力于招商引资和工业发展，特别是以高强度投入为支撑的重化工业的迅速成长成为短期内提振经济的重要途径，但此类粗放的发展模式并不利于产业结构的优化。此外，地方政府官员的任期有限，为在任期内获得更大的晋升筹码，对于短期内投资规模大、资金回报快的重化工业更为重视。因此出于快速发展经济与政治利益的双重考虑，地方政府在产业结构调整方面可能存在短视效应，倾向于发展高税收、高收益的污染性产业。地方政府的短视效应可能会推动第二产业的发展，但并不利于第三产业的发展，从而可能会阻碍产业结构从第二产业向第三产业转换。而低碳城市试点政策的初衷之一，正是要应对这一问题。

从低碳城市政策对政府行为的影响看，《通知》中明确要求地方政府"协调资源、能源、环境、发展与改善人民生活的关系，合理调整空间布局，积极创新体制机制，不断完善政策措施，加快形成绿色低碳发展的新格局"。这意味着在低碳城市建设的过程中，政府应发挥好政策引领作用，立足于城市发展现状，制定相应的环境政策。而在中央政府的号召之下，地方政府的环境保护意识会逐渐增强，其仅仅依赖要素投入推动经济发展的状况会有所改善。此外，国家发展改革委与试点城市发展改革部门会建立联系机制，定期对低碳试点的工作进展进行评估。这使得节能减排、环境考核逐渐成为低碳试点城市的硬约束。在环境指标考核的压力之下，地方政府发展高污染产业的倾向有所减弱，在环境方面的"逐底竞争"现象有所改善。因此，这一政策利于纠正政府的自利行为和短视效应，利于强化其环境保护职能。

基于上述思考，本文提出假设2：低碳城市政策利于强化政府的环境保护职能，进而抑制第二产业的发展，推动第三产业的发展。

2. 企业

低碳城市政策对企业的影响是多方面的，但涉及企业的发展问题，则主要体现在企业创新方面。以此为参照，审视低碳城市政策的影响，从技术创新的角度看，《通知》中明确要求"试点城市要结合本地区产业特色和发展战略，加快低碳技术研发示范和推广应用"。政策对新技术以及新能源产业的补贴将有利于降低环境投资风险，企业创新投资的意愿将因此而增强。同时，低碳城市政策可以内在化企业所产生的环境治理成本，这将使企业认识到资源利用效率的缺陷并为企业进行技术创新提供了可行的改进方向，进而有利于激发企业进行技术创新的积极性。此外,环境规制为新技术的验证和学习过渡提供必要缓冲期,在企业寻求创新解决方案的过渡期内,环境监管减少了企业通过规避环境投资而获得竞争优势的投机行为。上述意味着,低碳城市政策倒逼企业进行技术创新,将有利于提高企业的资源配置效率,进而产生"创新补偿"效应。

进一步看,当新的技术被开发和应用时,随之而来的是以此为基础的产品创新和工艺创新,这将推动新兴产业的发展,而产业间的前后联系和内在关联会放大技术创新的扩散效应,从而引起相关产业的发展,对产业发展具有突出促进作用的新兴产业将逐步取代原有的主导产业。此外,技术创新加速了产业内部的调整,企业内部分工更为精细化和高级化,传统产业得以改造,落后产业被逐渐淘汰,技术创新改变了主导产业的地位,加速了传统旧产业的衰亡。最后,技术创新通过完善生产工艺和技术流程,使得企业的要素投入比例更为合理,进而提高了生产效率。但对不同产业而言,其生产效率的提高程度并不一致,这会导致行业间劳动生产率存在差异,此差异正是产业结构变迁的动力,这引发了要素资源由低效率的第二产业流向高效率的第三产业以及新型技术产业(季良玉,2018)。因此,技术创新利于在产业间重新配置生产要素以及资源,进而推动由第二产业向第三产业发展的进程。

基于上述思考,本文提出假设3:低碳城市政策有利于激发企业的技术创新,进而对第二产业的发展产生抑制,但会促进第三产业的发展。

3. 公众

《通知》中要求,"积极倡导低碳绿色生活方式和消费模式。要推动个人和家庭践行绿色低碳生活理念。引导适度消费,抑制不合理消费,减少一次性用品使用。推广使用低碳产品,拓宽低碳产品销售渠道。倡导公共交通、共乘交通、自行车、步行等低碳出行方式"。绿色消费模式以及低碳出行环境的构建,为居民自发参与低碳城市建设提供了有力的外部条件。在将低碳作为社会新风尚的社会大环境下,公众选择绿色出行方式以及绿色产品的可能性增加,利于公众形成绿色的消费习惯。此外,各试点城市通过多种媒体广泛宣传低碳理念,并对绿色生活方式进行物质激励,这利于提高公众对低碳发展的认知度,公众出于自身利益与公众利益的考虑会自发地参与到环境保护的进程。因此,在试点政策稳步推进的进程中,让公众形成低碳化的绿色消费观念的政策意图得到了初步落实。

消费是生产的目的和动力,消费的变动必然会引起社会生产的调整,引致产业以及市场内部分工机制的重新选择。在低碳城市建设的过程中,各试点城市倡导绿色消费,并使其成为消费的主流。这意味着随着居民绿色消费观念的形成,绿色产品的市场需求规模会不断扩大,绿色消费所产生的规模效应可以刺激绿色产业的投资与生产,绿色产业将迎来发展的机遇。此外,绿色消费需求催生了新型的消费模式，这种新的消费模式为产业升级提供了确切的方向，产业结构只有适应这种新的消费模式才能获得消费者的认可，顺应新的消费模式也是实现产业自身发展的必然要求。这表明绿色消费对产业转型形成了外在倒逼，这将有利于引导绿色产业的发展并助力经济结构的转型。因此，消费模式的升级利于高新技术产业和战略新兴产业的迅速成长，推动我国传统支柱产业逐渐向绿色化转型升级。

基于上述思考，本文提出假设4：低碳城市政策有助于公众绿色消费观念的形成，进而促进了产业结构的调整与升级。

二、研究设计

（一）模型设计

在城市发展过程中，产业结构水平的变化来源于三方面：一是城市本身产业发展基础差异而形成的分组效应；二是随时间变化而逐渐累积提高的时间效应；三是相关政策的出台和变化给城市带来的"政策效应"。由于双重差分法（DID）可以分离出试点政策的实际产业效应，并能控制低碳城市政策和产业结构水平之间的内生关联，因此，本文选取这一方法对试点城市政策展开评价。

2010~2017年间，国家发改委共设立了三批低碳试点城市。其中，第三批试点设立时间较晚，试点期数据样本较少，不具有研究的代表性。首批试点主要针对省域实行，第二批试点主要针对城市实行，试点范围扩大，试点的布局具有明显的代表性和示范性。第一批和第二批低碳城市政策的出台时间分别在"十一五""十二五"规划之后，是为顺利实现中央政府提出的减碳目标而推行的政策。试点城市既无法预知政策何时实行，也无法干预国家决策，对地级市而言此政策是明显的外生冲击。本文以前两批低碳城市政策作为一次准自然实验，基于双重差分法考察低碳试点的设立对城市产业结构优化的影响。

DID可以通过比较实验组和对照组在受到低碳城市政策冲击后产业结构水平变化的差异，检测出政策的实际产业效应。为区分实验组和对照组，本文构建两个虚拟变量：①依据城市是否为试点城市设置政策分组的虚拟变量（carbon），试点城市赋值为1，非试点城市赋值为0。②根据试点城市政策的出台时间设置时间分组的虚拟变量（time），第一批试点城市在2010年及以后将time赋值为1，代表试点期；否则赋值为0，代表非试点期。第二批试点城市在2012年及之后将time赋值为1，代表试点期；否则赋值为0，代表非试点期。依据所设置的两个虚拟变量可将样本分为4组：非试点期的对照组（carbon=0，time=0）、非试点期的实验组（carbon=1，time=0）、试点期的对照组（carbon = 0，time = 1）以及试点期的实验组（carbon = 1，time = 1）。carbon 和 time 两项相乘，设定为 DTC，可以体现出低碳城市政策实行后试点城市产业结构水平的变化。在区分实验组和控制组的过程中，为保证结果的准确性，本文进行了如下处理：鉴于省份试点政策对城市的影响不同于具体的城市试点政策，本文将第一批试点的 5 个省份（广东、辽宁、湖北、陕西、云南）以及第二批试点省份（海南）所辖城市从对照组中完全剔除。尔后通过构造双向固定效应模型实现双重差分的具体估计。具体模型设定如下：

$$\text{indus}_{it} = \beta_0 + \beta_1 \text{DTC} + \beta X_{it} + \mu_t + \eta_i + \varepsilon_{it} \qquad (1)$$

其中，indus_{it} 代表各城市在各年度的产业结构水平，X_{it} 表示控制变量，μ_t 表示时间固定效应，η_i 表示地区固定效应。DTC 为政策虚拟变量，其系数值 β_1 为重点关注参数，可反映试点城市政策对产业结构水平的影响。若 β_1 显著为正，则说明试点城市政策对产业结构水平存在明显的正向影响。

在实践中，低碳城市的设立需要时间筹备，其设立的过程是渐进的。DTC 项中的时间分组变量在 2010 年和 2012 年之后均赋值为 1，这种"一刀切"的处理方法仅能考察出低碳城市政策对产业结构水平的总效应，并不能得知随着时间的推移政策效应如何变化。本文采用"渐进式"DID 方法解释低碳城市政策影响产业结构水平的动态效应（李贲、吴利华，2018）。将 2012 年、2013 年、2014 年、2015 年、2016 年分别取值为 1，其余年份取值为 0，然后分别与政策分组变量相乘，得到 DTC2012、DTC2013、DTC2014、DTC2015、DTC2016 变量，通过 5 个动态虚拟变量可以识别出每一年的政策效应，从而可以进一步考察不同阶段下低碳城市政策的动态影响。渐进式双重差分模型如下：

$$\begin{aligned}\text{indus}_{it} = &\beta_0 + \beta_1 \text{DTC2012} + \beta_2 \text{DTC2013} + \beta_3 \text{DTC2014} + \beta_4 \text{DTC2015} \\ &+ \beta_5 \text{DTC2016} + \beta X_{it} + \mu_t + \eta_i + \varepsilon_{it}\end{aligned} \qquad (2)$$

其中，重点关注参数为 β_1、β_2、β_3、β_4、β_5，若各系数显著为正，则说明一方面，低碳城市政策并不存在时滞性，其在实行之初就对产业结构水平存在显著影响；另一方面，此政策具有时间持续性，在政策发布后仍能对产业结构水平具有持续影响。

（二）变量选取

1. 被解释变量

本文通过产业发展程度、产业结构升级两个方面反映产业结构变动情况。产业发展程度用分三次产业的增加值占比表示，例如第二产业的发展程度用第二产业的增加值占 GDP 的比重表示。产业结构升级可以根据克拉克定律将其定义为非农业产值占 GDP 的比重（袁航、朱承亮，2018），但中国近年来主要的产业结构变化趋势不仅反映在非农产值占比的提升，更反映为非农产业内部第三产业与第二产业的比重变动，非农产业占比并不能有效表示出中国近年来产业层级变化的主要内容，故本文用第三产业与第二产业的比值表示产业结构升级（干春晖等，2011）。

2. 核心解释变量

本文依据考察城市是否为试点城市设定政策分组的虚拟变量（carbon），并根据试点城市政策的出台时间设定时间分组的虚拟变量（time），两项相乘作为核心解释变量。

3. 控制变量

基于现有研究，本文将影响城市产业结构优化的其他因素作为控制变量引入模型。其中，人力资本水平，采用普通高等学校在校学生数与地区年末人口总数的比值测度。基础设施，用人均道路面积代表之。国民收入，以国民总收入水平的对数值表示。政府支出，以政府财政支出的对数值表示。外商直接投资（FDI），用实际使用外资金额对数值表示，为了获得外商直接投资数据的人民币表示，我们通过同年美元兑人民币的平均汇率换算得到各年汇率值。另外，FDI用PPI折算为以2003年为基期的实际值。

4. 中介变量

经济绩效指标。本文用城市人均GDP的对数值与其所在省份所有城市平均值之差表示。若该值越大，则表示其经济绩效越高，即经济绩效考核更利于官员晋升（张彩云等，2018）；技术创新，此指数综合了创新以及创业指标，数据来源于复旦大学产业发展研究中心《中国城市和产业创新力报告》；绿色消费，以公共汽车客运总数表示，以此代表居民绿色消费观念的转变；市场化程度，考虑到数据的可获得性，本文将樊纲、王小鲁等所编制的市场化指数这一省域层面数据与相应地级市进行了匹配，得到各试点城市的市场化指数。

（三）数据说明

根据前述试点城市说明，本文选取了2003~2016年223个地级市的面板数据。部分缺失数据通过线性拟合法和平滑指数法补齐。各变量的描述性统计特征如表1所示。

表1　　　　　　　2003~2016年地级市面板数据的描述性统计

变量符号	变量名称	均值	标准差	最小值	最大值
industry1	第一产业比重	14.3454	9.2140	0.0300	49.8900
industry2	第二产业比重	48.9986	11.2446	9.0000	90.9700
industry3	第三产业比重	36.6591	9.0020	8.5800	85.3400
industry32	第三产业比第二产业	0.8279	0.4353	0.0943	9.4822

续表

变量符号	变量名称	均值	标准差	最小值	最大值
DTC	双重差分项	0.0596	0.2367	0.0000	1
控制变量
hc	人力资本水平	1.5808	2.1677	0.0050	13.1124
infra	基础设施	10.6622	7.5746	0.0200	122.8212
lngdp	国民收入	15.9588	1.0942	12.6690	19.4567
lngov	政府支出	13.9599	1.1116	10.4058	18.0524
lnfdi	外商直接投资	10.9859	2.1503	0.0000	16.2763
中介变量
ep	经济绩效考核指标	-4.55E-08	0.4602	-1.4151	1.6725
innovation	技术创新	8.0229	43.4093	0.0000	1061.3710
consu	绿色消费	20.9872	48.0192	0.0060	525.6060
market	市场化指数	5.8787	1.5011	2.2238	9.9500

注：资料来源于中国城市统计年鉴、中国城市和产业创新力报告、中国分省份市场化指数报告并由 stata15.0 计算而得。

三、实证分析

（一）基准回归

在进行双重差分分析前，先通过平行趋势检验，以验证低碳试点城市与非试点城市的差异是否在政策实施前就已经存在。检验结果如表 2 所示，在低碳城市政策实施前 DTC 项并不显著，即低碳试点城市与非试点城市在政策实施前并无显著差异，两者具有一致的产业结构水平变动趋势。

表 2　　　　　　　　　　平行趋势检验（同上）

	industry2	industry3	industry32
DTC2003	1.9396 (1.4023)	-1.0528 (-0.9103)	-0.1326 (-1.5113)
DTC2004	2.5840* (1.7750)	-1.3482 (-1.1855)	-0.1403 (-1.6228)
DTC2005	2.6183** (2.1020)	-1.8016* (-1.9067)	-0.1973** (-2.4055)
DTC2006	2.0022* (1.7539)	-1.2963 (-1.4133)	-0.1269** (-2.1961)

续表

	industry2	industry3	industry32
DTC2007	1.7032 (1.5964)	-1.2191 (-1.4356)	-0.1108** (-2.1696)
DTC2008	1.1155 (1.0273)	-0.7079 (-0.8593)	-0.0827* (-1.7709)
DTC2009	0.4909 (0.5455)	-0.2054 (-0.2871)	-0.0391 (-1.0495)
DTC2010	-0.0651 (-0.0755)	0.2643 (0.3567)	-0.0239 (-0.6313)
DTC2011	0.0601 (0.0834)	0.3513 (0.5379)	-0.0190 (-0.6382)
时间固定效应	固定	固定	固定
地区固定效应	固定	固定	固定
控制变量	控制	控制	控制
常数项	-2.2e+02*** (-7.1771)	157.8118*** (4.9241)	3.2531 (0.7565)
R^2	0.4637	0.4516	0.1699
F	48.6620***	55.6620***	33.9801***
N	3122	3122	3122

注：*、**、***分别表示在10%、5%和1%的显著性水平下显著，括号内为t值。

为验证假设1，我们进行了如表3所示的四个方面的模型估计，四个模型依次考察的是低碳城市政策对三次产业各自的影响和对产业结构升级的影响。模型1考察的是低碳城市政策对第一产业发展的影响，但结果并不显著。由于第一产业占比相对较低，且低碳城市政策主要针对污染型产业和新型产业，因此，政策的实施对第一产业并无显著影响。模型2重点考察低碳城市政策对第二产业的影响，DTC的系数显著为负，这说明低碳城市政策不利于第二产业的发展。低碳城市政策对城市的碳排放量提出了更为严格的要求，由此增加了企业的环境治理压力。企业为了达成政府所规定的排放标准，会相应增加环境治理方面的投入。这意味着，污染密集型行业所承担的环境成本更高，其淘汰的可能性增加，部分污染型企业可能会因成本的提升而被迫退出市场。模型3重点考察低碳城市政策对第三产业的影响，DTC的系数显著为正，这说明低碳城市政策促进了第三产业的发展。严格的碳排放要求将增加污染型企业的进入成本和边际生产成本。因此，以清洁生产为主的服务业将获得比较优势。这意味着低碳城市政策在抑制了污染性产业规模扩张的同时，将会促进清洁型产业的发展。模型4考察的是低碳城市政策对产业结构升级的影响，DTC的系数显著为正，这说明低碳城市政策利于推动产业结构的优化升级。长期以来，中国的产业结构升级依赖于产业政策的引导，具有明显的被动调整特征，这使得产业结构升级缺乏内在激励。而低碳城市政策的实行恰恰可以通过减排目标的约束提供自发激励，推动产业结构由第二产业向第三产业演变的过程。上述计量结果验证了假设1的准确性。

表3   基准回归（同上）

	(1) industry1	(2) industry2	(3) industry3	(4) industry32
DTC	0.4724 (1.0329)	-2.1356 *** (-5.2159)	1.3536 *** (3.8857)	0.0994 *** (4.2658)
hc	0.8539 *** (6.0069)	-1.3050 *** (-9.1824)	0.5046 *** (4.1729)	0.0447 *** (5.5253)
lnfdi	-0.0153 (-0.1154)	-0.0447 (-0.5462)	0.0221 (0.3175)	-0.0069 (-1.4750)
infra	0.0500 ** (2.1927)	-0.0348 * (-1.8051)	-0.0119 (-0.7277)	-0.0016 (-1.4814)
lngov	-0.2896 (-1.1359)	1.6108 *** (4.5930)	-1.3574 *** (-4.5492)	-0.0852 *** (-4.2717)
lngdp	-8.9942 *** (-8.1078)	16.0305 *** (25.2066)	-6.5541 *** (-12.1128)	-0.0898 ** (-2.4825)
时间固定效应	固定	固定	固定	固定
地区固定效应	固定	固定	固定	固定
控制变量	控制	控制	控制	控制
常数项	155.6108 *** (9.8321)	-2.1e+02 *** (-22.4097)	150.0908 *** (18.6506)	3.3055 *** (6.1420)
R^2	0.5781	0.4024	0.4038	0.1656
F	27.4852 ***	102.0544 ***	102.6451 ***	30.0748 ***
N	3122	3122	3122	3122

注：*、**、***分别表示在10%、5%和1%的显著性水平下显著，括号内为t值。

进一步，表4考察了低碳城市政策的时间效应，DTC2012的系数值显著，这说明低碳城市政策在实施当年便对产业结构存在影响，并不存在时滞性。DTC2013 ~ DTC2016的系数显著，这说明低碳城市政策对产业结构的影响具有时间持续性，其对第二产业发展的阻碍作用逐渐增强，对第三产业发展的推动作用逐渐减弱，并对产业结构升级的推动作用逐渐增强。

表 4 时间效应

	industry2	industry3	industry32
DTC2012	−1.9181** (−2.4656)	1.9136*** (2.8900)	0.0835* (1.8874)
DTC2013	−1.8834** (−2.4214)	1.6027** (2.4182)	0.0842* (1.9021)
DTC2014	−2.1345*** (−2.7453)	1.6093** (2.4319)	0.0922** (2.0856)
DTC2015	−1.9531** (−2.5113)	1.2793* (1.9322)	0.0989** (2.2359)
DTC2016	−2.3575*** (−3.0322)	1.3550** (2.0473)	0.1202*** (2.7169)
时间固定效应	固定	固定	固定
地区固定效应	固定	固定	固定
控制变量	控制	控制	控制
常数项	−2.1e+02*** (−22.4507)	150.5861*** (18.6081)	3.3438*** (6.2054)
R^2	0.4018	0.3997	0.1652
F	83.9923***	83.2532***	24.7404***
N	3122	3122	3122

注：*、**、***分别表示在10%、5%和1%的显著性水平下显著，括号内为t值。

(二) 稳健性检验

为确保上述回归结果的可靠性，本文采用以下四种方法实施稳健性检验：

(1) 排除其他政策影响。考虑到"中国制造2025"试点城市的设立能显著提高城市的产业发展水平（陈浩、刘培，2019），"环保约谈""新能源试点"等环境规制政策对产业结构的优化亦可能存在影响。为排除上述政策的影响，本文将样本中实施"环保约谈""新能源试点""中国制造2025"政策的城市进行删除（罗鸣令等，2019）。删除后的回归结果如表5所示，排除其他政策的影响后，DTC项对第二产业的系数仍显著为负，对第三产业以及产业结构升级的系数仍显著为正，这说明本文结论是稳健的。

(2) 安慰剂检验。基准回归结果表明，低碳城市政策对产业结构优化有显著影响，此种结果也可能受城市和其他经济战略影响，为进一步验证结果的稳健性，本文进行安慰剂检验，以排除其他不可观测因素的影响。本文将低碳城市政策的实施时间人为提前1年、2年、3年，考察在此政策未实施时，虚拟变量DTC对产业发展的影响，若DTC不显著则说明在低碳城市政策实施之前，试点城市和非试点城市不存在系统性误差，两者的差别并非是由不可观测因素导致。回归结果如表6所示，DTC项并不显著，这说明低碳

表 5 排除其他政策影响

	环保约谈			新能源试点			中国制造 2025		
	industry2	industry3	industry32	industry2	industry3	industry32	industry2	industry3	industry32
DTC	-2.5167**	1.6915***	0.1144***	-2.8372**	1.1519***	0.1019***	-2.5703**	1.0831***	0.0940***
	(-2.3144)	(4.5558)	(4.5363)	(-2.3163)	(2.5982)	(3.2903)	(-2.0771)	(2.7429)	(3.4901)
时间固定效应	固定	固定	固定	固定	固定	固定	固定	固定	固定
地区固定效应	固定	固定	固定	固定	固定	固定	固定	固定	固定
控制变量	控制	控制	控制	控制	控制	控制	控制	控制	控制
常数项	-2.2e+02***	147.0648***	3.1151***	-2.0e+02***	134.7471***	1.3765**	-2.1e+02***	140.4678***	2.7355***
	(-5.7918)	(16.9211)	(5.2782)	(-4.4586)	(14.0028)	(2.0471)	(-5.6708)	(16.5388)	(4.7229)
R^2	0.4046	0.3806	0.1576	0.3951	0.3797	0.1410	0.3907	0.3929	0.1552
F	62.3699***	83.0373***	25.2904***	55.4673***	68.4944***	18.3679***	71.0479***	87.8972***	24.9583***
N	2786	2786	2786	2310	2310	2310	2800	2800	2800

注：*、**、*** 分别表示在 10%、5% 和 1% 的显著性水平下显著，括号内为 t 值。

表6 安慰剂检验

	提前1年			提前2年			提前3年		
	industry2	industry3	industry32	industry2	industry3	industry32	industry2	industry3	industry32
DTC	-1.5499 (-1.5492)	0.9872 (1.2829)	0.0632 (1.3922)	-1.3940 (-1.4606)	1.1235 (1.4934)	0.0663 (1.4929)	-1.0446 (-1.1395)	1.2053 (1.6115)	0.0696 (1.5366)
时间固定效应	固定	固定	固定	固定	固定	固定	固定	固定	固定
地区固定效应	固定	固定	固定	固定	固定	固定	固定	固定	固定
控制变量	控制	控制	控制	控制	控制	控制	控制	控制	控制
常数项	-2.2e+02*** (-7.2216)	158.1894*** (4.9455)	3.9118 (1.0067)	-2.2e+02*** (-7.4923)	157.8688*** (4.9340)	3.8987 (1.0026)	-2.2e+02*** (-8.1544)	157.7449*** (4.9282)	3.8935 (1.0008)
R^2	0.4614	0.4501	0.2431	0.4713	0.4506	0.2434	0.4750	0.4508	0.2435
F	67.3454***	77.9361***	38.5122***	67.5245***	77.7569***	38.8797***	66.1325***	76.9535***	39.1653***
N	3122	3122	3122	3122	3122	3122	3122	3122	3122

注：*、**、*** 分别表示在10%、5%和1%的显著性水平下显著，括号内为t值。

城市政策是导致试点城市和非试点城市产业结构水平存在差别的主要决定性因素，本文的结论是稳健的。

（3）PSM – DID 检验。在基准回归中，对照组为非试点城市，但试点城市选取可能并不满足真正意义上"自然实验"的条件。为进一步排除样本选择误差对结果的影响，本文采用基于倾向得分匹配（PSM）的双重差分，从非试点城市中筛选出与试点城市特征相近的样本，从而控制实验组和对照组在可观测特征上存在的差别，以更为接近试点前同趋势的假定。在进行 PSM – DID 回归之前首先依据控制变量、logit 回归以及核匹配得出倾向得分值，依据此值匹配样本，选择落在"共同支持"倾向得分值区间的样本，并匹配分值与样本接近的对照组，匹配之后将倾向得分值加权进行 DID 回归。平衡性检验如表 7 所示，匹配后的偏差率都小于 10% 且 p 值明显大于 0.1，这说明匹配变量较为接近且实验组和对照组在匹配后无系统差异，因此匹配结果较为准确。倾向得分核密度图（见图 1a 和图 1b）亦表明实验组和对照组的倾向得分值的概率密度在匹配后相较于匹配前更为集中，进一步说明 PSM 的匹配效果较好。PSM – DID 的回归结果如表 8 所示，DTC 的系数与基准回归的结果相一致，这进一步说明本文的结论是稳健的。

表 7　　　　　　　　　　　平衡性检验

变量	处理	均值		偏差率	偏差降低比率	t – test	
		实验组	对照组			t	p>|t|
hc	匹配前 匹配后	3.1856 3.1453	1.2921 3.3836	77.6 -9.8	87.4	18.48 -1.1	0 0.27
lnfdi	匹配前 匹配后	12.308 12.184	10.748 12.045	70.9 6.3	91.1	15.09 0.97	0 0.331
infra	匹配前 匹配后	12.105 11.947	10.403 12.355	22.8 -5.5	76	4.53 -0.93	0 0.355
lngov	匹配前 匹配后	14.696 14.58	13.827 14.541	72.3 3.2	95.5	16.35 0.51	0 0.611
lngdp	匹配前 匹配后	16.723 16.62	15.821 16.604	78.2 1.4	98.3	17.33 0.21	0 0.834

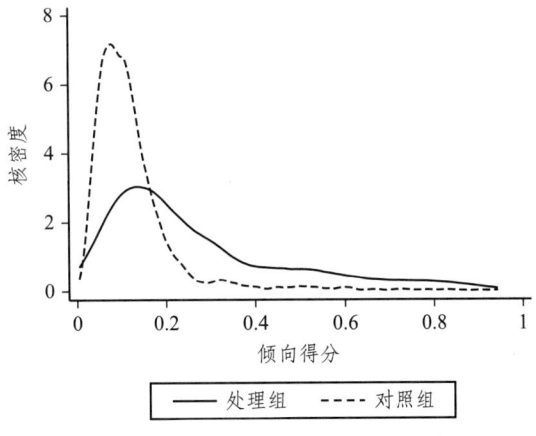

图 1a 匹配前倾向得分值概率分布

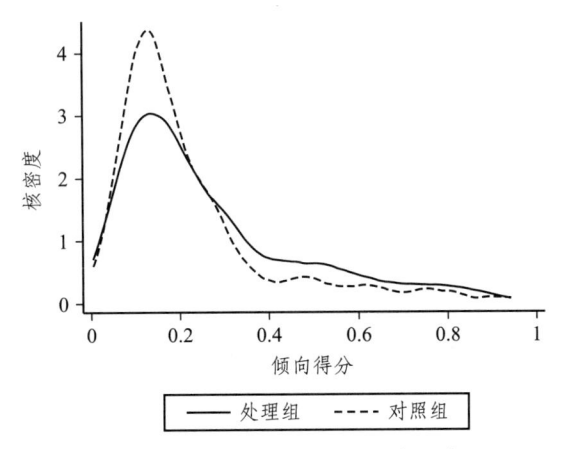

图 1b 匹配后倾向得分值概率分布

注：资料来源于中国城市统计年鉴并由Stata15.0计算而得。

表 8   PSM – DID 回归

	industry2	industry2	industry3	industry3	industry32	industry32
DTC	−2.1215 *** (−5.1183)		1.3298 *** (3.7650)		0.0911 *** (3.8577)	
DTC2012		−2.2130 *** (−2.7488)		1.7362 ** (2.5557)		0.0831 * (1.8260)
DTC2013		−2.2559 *** (−2.8363)		1.5412 ** (2.2963)		0.0949 ** (2.1120)
DTC2014		−2.5157 *** (−3.1279)		1.4887 ** (2.1935)		0.0968 ** (2.1284)
DTC2015		−2.4223 *** (−3.0482)		1.2684 * (1.8917)		0.1110 ** (2.4706)

续表

	industry2	industry2	industry3	industry3	industry32	industry32
DTC2016		−2.8100 *** (−3.4923)		1.4123 ** (2.0800)		0.1317 *** (2.8964)
hc		−0.7301 *** (−3.3573)		−0.0574 (−0.3129)		0.0128 (1.0373)
时间固定效应	固定	固定	固定	固定	固定	固定
地区固定效应	固定	固定	固定	固定	固定	固定
控制变量	控制	控制	控制	控制	控制	控制
常数项	−2.1e+02 *** (−22.5746)	−2.1e+02 *** (−22.1659)	150.5687 *** (18.6732)	151.0345 *** (18.6265)	3.2883 *** (6.0971)	3.3045 *** (6.0841)
R^2	0.4046	0.3887	0.4024	0.3984	0.1615	0.1533
F	102.5911 ***	79.2095 ***	101.6983 ***	82.4865 ***	29.0825 ***	22.5564 ***
N	3111	3111	3111	3111	3111	3111

注：*、**、*** 分别表示在 10%、5% 和 1% 的显著性水平下显著，括号内为 t 值。

四、机 制 分 析

如前文理论分析所言，低碳城市政策可能通过经济绩效考核指标、技术创新和绿色消费影响产业结构优化。为验证这一假设，如下引入中介模型对此进行解析。模型可设定为：

$$M_{it} = \lambda_0 + \lambda_1 DTC_{it} + \lambda X_{it} + \mu_t + \eta_i + \varepsilon_{it} \quad (3)$$

$$indus_{it} = \theta_0 + \theta_1 DTC_{it} + \theta_2 M_{it} + \theta X_{it} + \mu_t + \eta_i + \varepsilon_{it} \quad (4)$$

其中，M_{it} 为中介变量，其他变量与基准回归一致。首先，对公式（3）进行回归，验证系数 λ_1 是否显著，若 λ_1 显著，则说明此政策对中介变量有影响。其次，对公式（4）进行回归，验证 θ_2 是否显著，若 θ_2 显著，并且 θ_1 相较于基准回归公式（1）中的系数 β_1 有所减小，则说明此政策通过中介变量 M 影响了产业结构优化。

观察表 9 可以发现，经济绩效考核推动了第二产业的发展，但不利于第三产业的发展，这说明以经济绩效为主的考核机制，赋予了地方政府追求经济增长的竞争激励，为获取更多的财政收入、吸引更多的投资，地方政府相互竞争不断降低环境规制的强度，并倾向于发展高税收、高收益、回报快的第二产业，保护对地方经济贡献较大的污染性产业，而忽视了存在不确定性以及资本回收较慢的第三产业以及新型技术产业的发展。低碳城市政策的实行使得环境污染所产生的社会成本高于污染企业带来的经济效应，当环保成为衡量官员绩效的重要指标时，地方政府对污染产业的保护力度下降，城市不合理的产业发展布局有所改善,因此低碳城市政策通过强化政府的环境保护职能进而推动产业结构由第二产业向第三产业发展的进程,提高了城市的产业结构水平。假设 2 得以证明。

表 9　　　　　　　　　中介效应机制分析——经济绩效考核

变量	ep	industry2	industry3	industry32
DTC	-0.0372*** (-4.2355)	-1.8788*** (-4.6247)	1.1905*** (3.4273)	0.0876*** (3.7732)
ep		6.8983*** (8.0330)	-4.3817*** (-5.9676)	-0.3176*** (-6.4748)
时间固定效应	固定	固定	固定	固定
地区固定效应	固定	固定	固定	固定
控制变量	控制	控制	控制	控制
常数项	-6.5158*** (-32.0951)	-1.7e+02*** (-15.3205)	121.5405*** (13.0394)	1.2362** (1.9852)
R^2	0.2922	0.4155	0.4110	0.1775
F	62.5748***	102.3167***	100.4654***	31.0732***
N	3122	3122	3122	3122

注:*、**、*** 分别表示在 10%、5% 和 1% 的显著性水平下显著,括号内为 t 值。

观察表 10 可以发现,技术创新推动了第三产业的发展,但未对第二产业发展产生明确的促进作用。这说明技术创新推动了资源由低效率的第二产业流向高效率的第三产业的转换。低碳城市政策将企业的环境治理责任与企业的利润相关联,企业为降低环境治理成本,会逐渐完善生产工艺以及流程,进行技术革新。因而低碳城市政策通过倒逼企业进行技术创新进而推动产业结构由第二产业向第三产业发展的进程。假设 3 得以证明。

表 10　　　　　　　　　　中介效应机制分析——创新

变量	innovation	industry2	industry3	industry32
DTC	52.3544*** (17.5386)	-0.9125** (-2.1494)	0.6105* (1.6779)	0.0084 (0.3528)
innovation		-0.0234*** (-9.2744)	0.0142*** (6.5752)	0.0017*** (12.2507)
时间固定效应	固定	固定	固定	固定

续表

变量	innovation	industry2	industry3	industry32
地区固定效应	固定	固定	固定	固定
控制变量	控制	控制	控制	控制
常数项	10.3659 (0.1503)	-2.1e+02 *** (-22.7119)	149.9437 *** (18.7684)	3.2875 *** (6.2646)
R^2	0.1829	0.4197	0.4126	0.2069
F	33.9249 ***	104.1144 ***	101.1044 ***	37.5540 ***
N	3122	3122	3122	3122

注：*、**、*** 分别表示在10%、5%和1%的显著性水平下显著，括号内为 t 值。

观察表11可以发现，绿色消费推动了第三产业的发展，但不利于第二产业的发展。消费者环保意识的提高以及绿色消费习惯的形成将会引致行业内生产结构的调整，清洁产业以及服务行业将获得更大的发展空间（任旭东，2015），而污染型产业在市场前景并不明朗的情况下其发展将会受限。低碳城市政策通过对绿色消费观念的宣传以及营造低碳消费环境，推动了公众环保意识的形成。因而低碳城市政策通过提高公众的绿色消费意识进而推动产业结构由第二产业向第三产业发展的进程。假设4得以证明。

表11　　　　　　　　　中介效应机制分析——绿色消费

变量	consu	industry2	industry3	industry32
DTC	10.5511 *** (10.2832)	-1.6589 *** (-4.0043)	1.0404 *** (2.9440)	0.0868 *** (3.6635)
consu		-0.0452 *** (-6.1140)	0.0297 *** (4.7093)	0.0012 *** (2.8221)
时间固定效应	固定	固定	固定	固定
地区固定效应	固定	固定	固定	固定
控制变量	控制	控制	控制	控制
常数项	-38.7062 (-1.6330)	-2.1e+02 *** (-22.7263)	151.2398 *** (18.8536)	3.3517 *** (6.2324)
R^2	0.1901	0.4100	0.4083	0.1679
F	35.5880 ***	100.0454 ***	99.3387 ***	29.0384 ***
N	3122	3122	3122	3122

注：*、**、*** 分别表示在10%、5%和1%的显著性水平下显著，括号内为 t 值。

五、扩 展 讨 论

（一）市场调节效应

习近平在《关于〈中共中央关于全面深化改革若干重大问题的决定〉的说明》中指出"市场决定资源配置是市场经济的本质，发展社会主义市场经济，既要发挥市场的作用，也要发挥政府的作用，科学的宏观调控、有效的政府治理是发挥社会主义市场经济体制优势的内在要求。"因此，协调好政府与市场的关系，是引导资源优化配置、区域协同发展的重要举措。现有研究表明，政府调节发挥积极作用是需要一定的市场基础的（Lin and Rosenblatt, 2012），在市场效率低下的区域，经济活动受到较强的约束，政策投入产出的效率也相对较差。市场化水平的提高不仅是政策的目标也是政策发挥作用的前提。

中央政府所出台的低碳城市政策，期望实现环境与经济的共赢，达到环境保护与经济发展的双重目标，此政策若想实现其预期目标，需要市场力量依据低碳城市政策传递出的信号进行有效的资源配置，产业的发展需要有为的政府和有效的市场（林毅夫，2017）。既然如此，在研究低碳城市政策对产业发展的影响时离不开政府与市场关系的探究。为进一步探究市场在政策效应中所发挥的作用，本文将市场化程度作为调节变量，在基准模型中，增加市场力量以及市场力量与低碳城市政策的交乘项。值得一提的是为避免多重共线性影响，本文将先对市场指数进行中心化处理后再与低碳城市政策相乘。此模型如下所示：

$$\text{indus}_{it} = \beta_0 + \beta_1 \text{DTC} + \beta_2 \text{market}_{it} + \beta_3 \text{DTC} * \text{market}_{it} + \beta X_{it} + \mu_t + \eta_i + \varepsilon_{it} \quad (5)$$

观察表12的回归结果可以发现，模型5中市场力量的系数显著为负，这说明完善的市场机制会加速资源要素从第二产业流出。模型6和模型7中市场力量的系数显著为正，这说明完善的市场机制会加速资源要素流向第三产业，市场机制利于推动第三产业的发展以及产业结构升级的进程。模型5中市场机制与低碳城市政策的交乘项显著为负，这说明市场机制与低碳城市政策的联合作用显著抑制了第二产业的发展。模型6和模型7中市场机制与低碳城市政策的交乘项显著为正，这说明市场机制与低碳城市政策的联合作用显著促进了第三产业的发展以及产业结构升级。在社会资源配置的过程中市场起着决定性作用，完善的市场机制不仅能直接促进第三产业发展以及产业结构升级，还能通过低碳城市政策对其产生进一步的正向作用。因此，低碳城市政策发挥作用是存在前提条件的，只有尊重和依托市场机制的政策才能有效改善环境、推动产业发展和产业结构升级，而违反市场规律盲目出台的政策无法取得预期的效果（韩永辉等，2017）。而从另一个角度来说，此结果也说明了低碳城市政策是市场机制的补充，但值得关注的是，产业发展落后的区域通常市场化程度较低，此区域本身往往更需要低碳城市政策发挥作用，但其薄弱的市场力量也会使得政策的作用效果相对较低，这需引起政策制定者关注。

表12　　市场化程度的调节效应

	(5)	(6)	(7)
	industry2	industry3	industry32
DTC	−2.0725*** (−4.5800)	0.9242** (2.4198)	0.0727*** (2.8385)
DTC × market	−0.6024*** (−2.9730)	0.6037*** (3.5303)	0.0444*** (3.8750)
market	−1.1634*** (−5.6629)	0.6332*** (3.6518)	0.0392*** (3.3770)
时间固定效应	固定	固定	固定
地区固定效应	固定	固定	固定
控制变量	控制	控制	控制
常数项	−2.1e+02*** (−21.8738)	148.1516*** (18.4231)	3.1892*** (5.9175)
R^2	0.3971	0.4080	0.1681
F	94.7992***	99.2279***	29.0775***
N	3122	3122	3122

注：*、**、***分别表示在10%、5%和1%的显著性水平下显著，括号内为t值。

（二）空间溢出效应

不同区域内地方政府对环境规制政策的执行程度以及对资源的竞争性获取程度存在差异，这可能会给污染型企业提供跨地迁移以规避环境治理成本的机会。污染型企业跨地迁移使得环境规制严格地区污染程度的降低是以其它地区污染程度的上升为代价，这会使得环境治理的效应降低，这可能也是长期以来部分环境政策不能有效发挥作用的重要原因之一。因此，本文将进一步探究低碳城市政策的产业结构变动，是否会通过污染企业的跨地迁移而得以实现。若污染企业的跨地迁移是以周围地区产业结构恶化为代价，则其所带来的本地区产业结构优化并不是真正的产业结构水平提高。

本文选用0~1邻接空间权重矩阵和经济距离空间权重矩阵，在考虑空间相关性的前提下对低碳城市政策的产业结构升级效应做出解析，并进一步将低碳城市政策的产业结构升级效应进行分解，以识别出此政策对周围城市产业结构水平的影响。

首先对空间相关性做出检验，结果如表13所示。Moran's I值在1%的水平下显著，表明产业结构水平在空间上存在显著的相关性。LM检验表明，空间滞后模型（SLM）和空间误差模型（SEM）都通过了检验，故需进一步展开LR检验，以判断空间杜宾模型（SDM）是否可以转化为SLM或SEM。LR检验均在1%的显著条件下拒绝原假设，即SDM不能转化为SLM或SEM，因此，基准模型应选择空间杜宾模型。为进一步识别试点政策效应的"外部性"，即一个试点城市的政策效应对相邻城市的影响，利用偏微分方法将低碳城市政策对城市产业结构水平的影响分解为直接效应和间接效应，直接效应为低碳城市政策对本市产业结构水平的影响，间接效应是低碳城市政策对相邻城市产业结构水平的影响，直接效应和间接效应之和为总效应，结果如表14所示。

表13 空间统计检验结果

检验名称	地理距离矩阵			经济距离矩阵		
	industry2	industry3	industry32	industry2	industry3	industry32
Moran's I	0.47645***	0.54054***	36.173***	25.719***	15.802***	16.973***
LM-error 检验	1414.179***	1822.27***	812.723***	396.45***	149.131***	172.177***
Robust LM-error 检验	1016.225***	1780.834***	715.039***	287.025***	109.227***	55.073***
LM-lag 检验	421.107***	90.705***	186.667***	109.429***	39.992***	117.378***
Robust LM-lag 检验	23.152***	49.269***	88.983***	0.004	0.087	0.274
LR – SDM vs SLM	600.26	189.09	101.49	1165.83	801.41	380.72
LR – SDM vs SEM	124.45	49.69	81.84	1135.9	867.86	398.82

注：*、**、***分别表示在10%、5%和1%的显著性水平下显著，括号内为t值。

表14 SDM的估计结果

	地理距离矩阵			经济距离矩阵		
	industry2	industry3	industry32	industry2	industry3	industry32
DTC	−2.3582*** (−6.5673)	1.4191*** (4.5604)	0.1071*** (5.0126)	−1.5307*** (−3.9896)	0.9540*** (2.8687)	0.0878*** (3.9236)
DTC Direct	−3.0713*** (−5.7481)	1.9839*** (4.4760)	0.1274*** (5.1705)	−1.5573*** (−3.9676)	1.0008*** (2.9361)	0.0888*** (3.8703)
DTC Indirect	−1.4e+02** (−2.0837)	108.0928** (2.1251)	3.6628** (2.4040)	−2.6248*** (−2.9922)	2.1614*** (2.8092)	0.0727 (1.5098)

续表

	地理距离矩阵			经济距离矩阵		
	industry2	industry3	industry32	industry2	industry3	industry32
DTC Total	−1.5e+02** (−2.1166)	110.0767** (2.1509)	3.7902** (2.4682)	−4.1821*** (−4.4079)	3.1622*** (3.7876)	0.1615*** (3.1413)
空间滞后项（ρ）	1.0976*** (36.9139)	1.0908*** (34.5737)	0.9377*** (14.5258)	0.1299*** (3.5919)	0.1330*** (3.5456)	0.0292 (0.6846)
σ^2	11.5421*** (38.8664)	8.6681*** (38.8642)	0.0409*** (38.8829)	12.6373*** (39.0465)	9.5068*** (39.0308)	0.0431*** (39.0596)
控制变量	控制	控制	控制	控制	控制	控制
地区固定效应	固定	固定	固定	固定	固定	固定
时间固定效应	固定	固定	固定	固定	固定	固定
R^2	0.0523	0.0021	0.0270	0.0072	0.1206	0.0010
N	3122	3122	3122	3122	3122	3122

注：*、**、*** 分别表示在10%、5%和1%的显著性水平下显著，括号内为t值。

观察结果可以发现，低碳城市政策既有利于本市产业结构优化，同时也支持了周围地区第三产业的发展以及产业结构升级。即低碳城市政策并未带来污染企业的跨界迁移，此政策具有正向的空间溢出效应。究其原因，低碳城市政策所设立的减碳目标增加了企业的环境治理成本，此时企业面临停产、搬迁或是技术改造三种选择。若企业选择搬迁，其原有的设备、厂房建设以及开拓市场、维护客户资源的花费都将成为沉没成本，同时其迁入新区域时不仅需要固定资产投资，同时新区未来也可能存在环境规制程度增加的风险。而部分环境治理成本过高的企业则会选择退出市场。因此，试点城市内大多数企业可能会选择通过技术改造而优化生产结构，同时试点城市生产技术升级的溢出效应将会推动周围城市的产业结构水平提升。

六、结 论

本文基于2003~2016年中国223个地级市面板数据，以前两批低碳试点城市作为研究对象，通过双重差分法评估了低碳城市政策对产业结构优化的影响，并采用排除其他政策影响、安慰剂检验和基于倾向得分匹配的双重差分法进行了稳健性检验。结果表明：低碳城市政策推动了第三产业的发展，但不利于第二产业的发展，促进了试点城市的产业结构优化升级。为了更深入地阐释低碳城市政策如何促进了产业结构升级，本文从政府、公众以及企业这三个作用主体出发，通过实证分析验证了经济绩效考核、技术创新以及绿色消费观念是低碳城市政策影响产业结构水平的中介。为进一步探究市场在低碳城市政策效应中所发挥的作用，本文引入市场化程度作为调节效应，回归结果说明市场机制是政策发挥作用的前提，同时低碳城市政策是市场的有效补充。此外，在考虑空间相关性的前提下，进一步探究了此政策对周围城市产业结构水平的影响，发现此政策具有正向的空间溢出作用。

上述结论具有如下的政策启示：第一，低碳城市政策利于推动产业结构水平且具有正向的空间溢出效果，这肯定了此政策的存在价值，在当前中国环境问题依旧严峻的背景下，亟须严格且设计合理的环境规制政策，未来应科学的把握此政策的"去污存精"和"因势利导"作用，不断完善环境治理体系以推动绿色低碳发展和产业结构升级。第二，严格且设计合理的环境政策需要调动政府、企业、公众多方力量，未来在制定环境政策时应注重以下三方面。首先，应加强中央政府对地方政府的环保监督，加强环境指标所占的考核比重，引导地方政府间逐渐形成环境规制的逐项竞争。其次，加强政策的规制力度，完善对企业的环保监督机制和排污处罚制度。通过提高污染治理成本倒逼企业进行技术创新，并采取相应的激励措施，切实解决企业的融资难、融资贵等问题，促进行业间的专业化分工和企业的转型升级。最后，应加强公众的监督和参与，公众是保障环境政策真正落到实处的关键因素，应重视公众在环境政策制定和执行过程中所发挥的监督作用，通过正确的教育和宣传引导，提高公众的环保意识，使其主动参与到环保进程中。第三，低碳城市政策与市场机制并非此消彼长的关系，两者互为促进。一方面，市场力量利于政策效果的发挥，这说明让市场在资源配置中发挥决定性作用是现实所需，应保障市场的公平竞争，逐渐完善产品市场的交易制度和规范，推进市场化进程。另一方面，政府政策是对市场机制的有效补充，应理顺市场与政府的关系，在保障有效市场的前提下，充分发挥政府政策的宏观调控作用，因地制宜的进行合理政府干预，通过制度创新深化政府体制改革，优化政府职能、提高政府效率。

参 考 文 献

[1] 陈浩、刘培：《中国产业结构的时空演变与效率评价——基于城市数据的分析》，载《产业经济评论（山东大学）》2019年第1期。

[2] 仇保兴：《兼顾理想与现实：中国低碳生态城市指标体系构建与实践示范初探》，中国建筑工业出版社2012年版。

[3] 邓荣荣、詹晶：《低碳试点促进了试点城市的碳减排绩效吗——基于双重差分方法的实证》，载《系统工程》2017年第11期。

[4] 董直庆、王辉：《环境规制的"本地—邻地"绿色技术进步效应》，载《中国工业经济》2019年第1期。

[5] 付允、刘怡君、汪云林：《低碳城市的评价方法与支撑体系研究》，载《中国人口·

资源与环境》2010 年第 8 期。
［6］干春晖、郑若谷、余典范：《中国产业结构变迁对经济增长和波动的影响》，载《经济研究》2011 年第 5 期。
［7］韩超、王震：《环境规制引致减排中的资源重置效应——潜在意义、研究进展与展望》，载《产业经济评论（山东大学）》2019 年第 4 期。
［8］韩永辉、黄亮雄、王贤彬：《产业政策推动地方产业结构升级了吗？——基于发展型地方政府的理论解释与实证检验》，载《经济研究》2017 年第 8 期。
［9］季良玉：《技术创新对中国制造业产业结构升级的影响——基于融资约束的调节作用》，载《技术经济》2018 年第 11 期。
［10］李贲、吴利华：《开发区设立与企业成长：异质性与机制研究》，载《中国工业经济》2018 年第 4 期。
［11］李顺毅：《低碳城市试点政策对电能消费强度的影响——基于合成控制法的分析》，载《城市问题》2018 年第 7 期。
［12］林毅夫：《产业政策与我国经济的发展：新结构经济学的视角》，载《复旦学报（社会科学版）》2017 年第 2 期。
［13］罗鸣令、范子英、陈晨：《区域性税收优惠政策的再分配效应——来自西部大开发的证据》，载《中国工业经济》2019 年第 2 期。
［14］任旭东：《环境规制对中国能源产业清洁生产的激励机制：一个两阶段博弈分析》，载《产业经济评论（山东大学）》2015 年第 4 期。
［15］徐志伟：《工业经济发展、环境规制强度与污染减排效果——基于"先污染，后治理"发展模式的理论分析与实证检验》，载《财经研究》2016 年第 3 期。
［16］杨骞、秦文晋、刘华军：《环境规制促进产业结构优化升级吗？》，载《上海经济研究》2019 年第 6 期。
［17］袁航、朱承亮：《国家高新区推动了中国产业结构转型升级吗》，载《中国工业经济》2018 年第 8 期。
［18］张彩云、苏丹妮、卢玲、王勇：《政绩考核与环境治理——基于地方政府间策略互动的视角》，载《财经研究》2018 年第 5 期。
［19］张茜、刘宏笪、孙华平、朱进：《环境规制、能源效率与电力行业协同减排——基于长三角地区的实证研究》，载《产业经济评论（山东大学）》2018 年第 3 期。
［20］周枕戈、庄贵阳、陈迎：《低碳城市建设评价：理论基础、分析框架与政策启示》，载《中国人口·资源与环境》2018 年第 6 期。
［21］庄贵阳、潘家华、朱守先：《低碳经济的内涵及综合评价指标体系构建》，载《经济学动态》2011 年第 1 期。
［22］Albrizio, S., Kozluk, T., and Zipperer, V., 2017: Environmental Policies and Productivity Growth: Evidence Across Industries and Firms, *Journal of Environmental Economics and Management*, Vol. 81.
［23］Czarnitzki, D. and Licht, G., 2010: Additionality of Public R&D Grants in a Transition Economy, *Economics of Transition*, Vol. 14, No. 1.
［24］Lin, J. Y. and Rosenblatt, D., 2012: Shifting Patterns of Economic Growth and Rethinking Development, *Journal of Economic Policy Reform*, Vol. 15, No. 3.
［25］Tan, S., Yang, J., and Yan, J., 2017: A Holistic Low Carbon City Indicator Frame-

work for Sustainable Development, *Applied Energy*, Vol. 185

[26] Xie, R., Yuan, Y., and Huang, J., 2017: Different Types of Environmental Regulations and Heterogeneous Influence on "green" Productivity: Evidence from China, *Ecological Economics*, Vol. 132.

[27] Zhao, X. and Sun, B., 2016: The Influence of Chinese Environmental Regulation on Corporation Innovation and Competitiveness, *Journal of Cleaner Production*, Vol. 112, No. 4.

[28] Zheng, D. and Shi, M., 2017: Multiple Environmental Policies and Pollution Haven Hypothesis: Evidence from China's Polluting Industries, *Journal of Cleaner Production*, Vol. 141.

The Impact of Low-carbon City Policies on Industrial Structure
—A Quasi-natural Experimental Perspective

Jin Lu   Lu Liu   Xiaofei Wang

Abstract: Based on the data of 223 prefecture-level cities in China from 2003 to 2016, this paper discusses the mechanism of the effect of low-carbon city policies on industrial structure, taking the establishment of low-carbon city pilot as a quasi-natural experiment. The results show that ①The implementation of low-carbon city policy will significantly inhibit the secondary industry and promote the development of the tertiary industry, thus effectively promoting the upgrading of industrial structure. At the same time, this policy has a definite positive spatial spillover effect. ②After taking into account the impact of other relevant policies, such as environmental interviews, made in China 2025 and new energy pilot, although the impact of low-carbon city policies on industrial structure is somewhat weakened, its positive impact is still very significant. ③Low-carbon city policies will influence the level of industrial structure through intermediary variables such as economic performance appraisal, technological innovation and green consumption concept. However, the industrial upgrading effect brought by the policy is built on a certain market basis, and market forces are the prerequisite for the policy to play its role.

Key Words: Low – Carbon City Policy   Industrial Structure Optimization   Quasi – Natural Experiment

JEL Classification: Q51   L16   R12

共享经济产业理论进展综述

汪红梅　王万力　李瑞海[*]

摘　要：本文追踪了共享经济产业理论研究进展，重点对共享经济产业结构、市场行为、产业绩效以及公共政策四个方面进行了综述。在产业结构方面，重点阐述了共享经济的点对点、互联网＋、平台形态和协作消费等结构特征。在市场行为方面，重点对共享经济的平台经济学特征进行分析，包括平台由最初的双边市场发展到多边市场，价值形态由传统经济的所有权交换过渡到价值分享的使用权消费，平台之间的竞争以及平台内买卖双方之间的竞争，共享经济采用平台竞争策略，即买卖双方双向补贴的市场策略。共享经济产业绩效评价需要考虑经济效益和社会效益两方面，其中契约协调是评价经济效益的关键，而目前的共享经济产业成熟度低，企业行为不够规范，产业组织之间存在垄断和不公平竞争，行业监管不力，存在隐私泄露和市场歧视等问题。该研究一方面梳理了共享经济产业理论研究脉络，同时对共享经济的产业监管政策也有重要的借鉴意义。

关键词：共享经济　产业结构　市场行为　产业绩效　公共政策

一、引　言

共享经济是信息经济时代的一种新型产业形态，其借助互联网媒介提供各种资源分享的信息。作为连接供给方和需求方之间的交易纽带，共享经济可以通过构建一系列机制，如双方匹配法则、互评体系、动态算法与定价等，使得供、需双方能够实现有效匹配并实现交易及获取佣金。其直接利益主体包括：商品或服务的需求方、供给方和共享经济平台，间接的利益主体

---

[*] 本文受国家自然科学基金面上项目"基于产业链视角的企业兼并产业绩效与政策研究"（71573177）资助。
感谢审稿人的修改意见！
汪红梅：西北农林科技大学经济管理学院；地址：陕西杨凌邰城路3号，邮编：712100；Email：whmeco@nwsuaf.edu.cn。
王万力（通信作者）：上海立信会计金融学院工商管理学院；地址：上海市松江区文翔路2800号，邮编：262200；Email：wangwl@lixin.edu.cn。
李瑞海：上海立信会计金融学院工商管理学院；地址：上海市松江区文翔路2800号，邮编：262200；Email：lirh@lixin.edu.cn。

涉及存在竞争关系的传统商品供给方以及这个商品和服务的整个产业生态系统。共享经济不仅仅存在于共享单车、互联网借贷、众筹和住宿等个人消费领域，也广泛存在于供应链分享和市场分享的企业生产经营领域。共享经济的发展带来了社会分工细化、交易模式变迁、产业结构调整、经济绿色转型等影响，并且给产业发展、行业管理模式和企业经营等带来重大挑战。在共享经济迅速增长的背后，市场运营问题层出不穷，共享市场与传统市场矛盾突兀，并由此带来了包括监管法律体系建构、监管对象确认以及监管手段应对等的一系列研究问题。

二、共享经济产业结构特征

共享经济最初的研究涉及的领域仅仅局限于股权、经营权和利润的内部分配，是公司治理结构的研究范畴（Weitzman，1984）。将当前的经济业态形态（Schor，2014）分为四类：一是商品再流通，如 eBay 等；二是提升耐用资产利用率，如 Airbnb、Uber 等；三是服务交换，如时间银行等；四是生产性资产分享，如创客空间、协同工作空间、教育平台、P2P 大学等。共享经济概念扩展到产品（服务）研发、设计、生产和销售等价值链体系的利益和权利分享模式，是一种新型产业结构形态。张为付（2015）进一步将共享经济划分为四个维度，现有的共享经济更多地指第四个维度，就是社会资源分享，其内涵不仅局限于公司治理层面，也包括自然资源、资本、人力资源和信息资源等共享领域，可以优化资源配置，最大化产品和服务的使用价值。

共享经济作为一种新型的产业结构业态，运行机理上具有点对点、互联网+、平台形态和协作消费等典型的结构特征。

1. 点对点（Peer to Peer Economy）

Schor（2014）认为共享经济活动是被电子平台支持能够实现点对点的交易，是一种基于用户和用户之间的对于某一资源的分享而催生的商业模式。由于交易行为不借助传统的实体渠道，所以交易成本较低，且规模经济边界扩大，突出体现了共享经济平台的多边市场属性和网络外部性特征；张为付（2015）指出，共享经济的产业组织形态不同于传统的组织结构，其市场特征集中体现为点对点。Catulli et al.（2017）研究发现具有流动性的消费者，更热衷于点对点经济。

2. "互联网+"

郑小碧（2017）认为："+互联网"是一种单向局部连接的替代，是价值分配型的状态；而"互联网+"是一种价值创造型连接，共享经济具有典型的"互联网+"特征。两者之间转换是当市场交易效率和连接服务本身的交易效率同时超过各自的门槛值。这种转换过程促进了劳动力在分工结构内和跨结构间的优化配置、市场容量的扩张以及经济剩余和人均收入水平的提升，这正是共享经济兴起的社会价值所在。

3. 平台经济

共享经济作为一种中介型组织形态快速发展，根本上改变了传统的雇佣关系契约，市场交易由原先的"劳动者—公司—消费者"模式转为"劳动者—平台—消费者"新模式（朱宝丽，2017），将传统的个人与企业的雇佣关系转变为个人与分享平台的合约关系，所以平台经济的网络外部性和交叉外部性等特征在共享经济市场结构中天然存在。

4. 协作经济

共享经济基本特征是协同消费，即利益相关主体通过共同消费商品或服务，谋求增加收益或降低成本，超越所有权的约束来享受彼此产品和服务（Botsman and Rogers，2010）。Botsman（2011）将共享经济划分为三种类型：①产品服务系统，在所有权不转移的情况下进行产品"使用价值分享"和"延长产品生命周期"两种模式；②再分配市场，以 P2P 匹配的产品所有权转移的市场；③协同经营方式，通过物物交换以及无形资产的分享来实现价值重构，并由此产生群体协同效应。Belk（2014）将协作消费定义为"人员协调收取或分配费用或其他资源补偿"。

Lizzie（2015）提纲挈领地总结了共享经济的产业结构的市场形态。他指出：共享经济聚集了通过电子平台实现点对点的物品和服务交易，利用了线上线下的结合拉近陌生人之间的距离，从而促进了他们之间的经济活动。

三、共享经济市场行为特征

共享经济的市场行为特征典型地表现为平台经济特性，所以其竞争性策略行为体现了为平台经济的双边市场属性。但是共享经济存在的价值又不是传统的平台经济企业的产品或无服务的交易形式，而是从传统经济的所有权交换过渡到价值分享的使用权消费。而从共享经济服务的产品特性来看，其共享的产品通常具有流动性不强和买卖交易成本较高的特点。这些又是共享经济市场行为独有的特征。

1. 共享经济产业组织的平台特性

共享经济具有典型的平台经济特征。平台作为一种交易空间，多个交易主体通过这个空间进行交易，平台通过适当的收费实现盈利，所以平台是建立在多个交易端点上的空间。共享平台的组成要素包括：（a）大量的端点，可以理解为共享经济的规模经济问题，这是一个多变市场，通常采用一边市场补贴另一边市场的方式。只有当用户基础达到一定的数量时，才能达到规模经济，而共享经济为了与传统行业进行竞争，规模经济是必须面对的一道门槛。Rochet（2003）和 Caillaud and Jullien（2003）研究了平台组织的形成及其价值链构成。徐晋（2014）将平台组织演化依次分为平台寄生、平台共生和平台衍生三个阶段，论述了平台的嫁接、裂变与聚合过程。(b) 多边市场属性。这不同于传统行业的单边供需关系，而是通过平台把不同用户连接起来，形成一个生态群落。Fremstad（2014）认为共享经济平台的市场聚集关键是从不对称信息的商品和参与者中逆向选取。陈应龙（2016）基于双边市场微观框架对平台商业模式的内在机理进行探讨，认为平台可以通过商业架构、博弈能力和企业战略等机制来获取商业价值。徐晋（2014）认为平台竞争手段包括服务差异化、多属行为、排他行为、竞争内生性和非对称竞争策略、动态博弈、平台吸附力与指数效应、功能竞争与交叉驱逐等。Li and Moreno（2015）在多边市场框架下建立了一个共享经济研究模型，分析 Airbnb 分享平台与传统酒店的定价问题。(c) 分享性。主要是使用权的分享。侯梦宇、苏晨青（2018）通过对小猪短租的分析发现，由于国人相互信任度降低，传统城市的有些居民还不能够接受共享空间。共享经济平台的成功的关键是在参与者之间建立信任机制，常用的策略包括投票、信息和防护措施等。陈元志（2016）比较了传统出租车行业和 Uber 平台业务模式的差异，认为共享经济在撮合方式、质量监控、服务质量和隐私权方法都存在显著差异性，而对于市场垄断、监管措施和市场博弈主体等方面都需要进行深入研究。

综上，共享经济平台的典型特征是平台经济与网络外部性。共享经济平台已经由最初的双边市场发展到多变市场，激活了传统经济没有充分利用的资源，为消费者提供更多选择。

2. 共享经济产业的价值形态

共享经济也被称为协作经济、协同消费、点对点经济（祝碧衡，2015）。尽管现在商业交易保留着传统的交易形式和所有权，但因为共享经济的出现要有所改变（Belk，2014），其为所需要的需求方提供其未充分利用的资源，并且能够使用其他人未充分利用的资源（Botsman，2011）。Rifkin（2014）认为共享经济是一种零边际成本状态，是一种个人之间的货物和服务的直接交换系统（郑永彪、王丹，2015）；是对某一时间可接受交易成本创建的一个交易匹配（Dervojeda，2013）。

这些研究总体上把共享经济产业的价值形态归结为：(a) 基于经济组织与社会组织共创价值的"价值分享"；(b) 基于消费视角、循环经济、人地协同理论的"资源分享"协同消费，共享经济不强调传统商品的所有权，而是强调商品属性的使用权；(c) 与自然资源领域的可持续发展相关的，协同供应和协同消费，市场消费带入"后所有权时代"。

随着社会经济的发展，共享经济的营运范围不断扩大，已经由最初的单一组织内部分配扩展到产业链参与组织之间的分享，并进一步延伸到社会资源的共享；共享经济产业组织的市场形态表现为建立在互联网+平台上的点对点的协作经济；共享经济产业组织的价值形态已经由传统经济的所有权交换过渡到价值分享的使用权消费。

3. 共享经济的市场交易机制

共享经济交易的产品通常具有流动性不强和买卖交易成本较高的特点。Fraiberger and Sundararajan（2015）研究发现：低收入者更热衷于共享经济，其更大程度从拥有所有权转换为使用权让渡，这是处于成本节省、更高的利用效率和更高质量的消费。在一个提供不同商品的垂直细分市场中，当没有交易成本情况下，消费者将很容易在每个决策阶段找到希望的商品。在这种情况下分享交易意味着分享租金等于使用权让渡的预期价格折旧。Stolyarov（2002）研究了异质消费者和外生交易成本条件下，存在竞争性初级市场和让渡市场的静态均衡以及其动态均衡的演化规则。由于共享经济所服务产品本身存在流动性缺陷，所以其市场交易机制具有特殊性。

在共享经济平台上，企业通过制定合理的价格机制来吸引两边的用户加入交易平台（朱振中，2006）。Caillaud and Jullien（2003）认为平台存在针对供需双方的"各个击破策略"，指出平台存在不对称定价，即双边价格水平不反映边际成本，是一种垄断定价。而谭瑞琮（2012）则认为平台是一种竞争垄断型市场经济，由于其固定成本高但边际成本低并且递减的特性，所以平台需要在获取市场垄断力量的条件下，才能弥补高昂的固定成本并盈利。Cho and Rust（2010）探讨了共享租赁公司的定价策略和替代政策，认为市场均衡状态是决策次优。Fradkin（2015）认为共享经济中各种交易匹配设计可能影响市场交易效率。他确定了三个主要诱发低效率的因素：①消费者不完全信任因素；②不了解共享市场的交易者是否愿意交易；③在错误时间交易。

共享经济平台的市场交易特征表现为：价格结构、用户群体关系、定价方式、利润来源四个方面。①价格结构。不同于传统的单边市场，共享平台具有双边市场特性，成交量与价格总量和价格结构均相关，即价格结构呈现非中性特征，结构的非中性是区分双边市场和单边市场的重要特征（Rochet and Tirole，2006），即平台交易总量不仅与对买卖双方的总收费相关，还与收费的分配相关。其认为双边市场存在的一个必要条件是科斯定理的失灵，而价格结构非中性是双边市场存在的充分条件。②用户群体关系。共享经济平台连接两方或多方性质截然不同的用户群体，这些群体直接形成了不同的经济生态网络。③定价方式。共享经济平台可以通过一边市场补贴另一边市场，所以对最终用户制定的价格并不反映边际成本。④利润来源。分享平台的利润来源显著不同，有些按照固定费率，有些则是赚取双边差价。

综上，共享经济组织交易机制既有传统的平台经济的特征，但其定价具有特殊性：传统的双边市场定价模式是一边市场补贴另一边市场，而共享经济经常存在为了客户聚集而采用的双向补贴的市场策略；在传统的平台经济定价研究主要从平台的利润最大化视角进行，而共享经济的运营现状是，一方面是分享平台之间的竞争，另一方面是共享经济中卖方或者买方之间的竞争。

四、共享经济组织绩效问题

共享经济组织绩效的理论研究主要从几个视角展开：①交易成本经济学。交易成本经济学（TCE）主要用交易理论解释企业之间的关系。根据 TCE，企业采用垂直整合/层级的管理模式或者市场机制主要取决于管理成本，这种成本的形成因为包括有限理性和利己主义和机会主义造成的合作伙伴不确定性（Kaufman et al., 2000）。共享经济作为一个新型组织形式，可以有效避免管理层级和市场不确定性，降低了机会主义成本，并通过过程整合和互信体系减少了监管压力，也避免了企业内化不符合企业特质的外生因素（Koh and Venkatraman, 1991）。②基于资源的观点。资源的共享使企业能够专注于其独特的核心活动，这种活动增加了公司特定的技能并实现规模经济和学习效应，从而改善其竞争地位（Park et al., 2004）。拥有稀缺资源和资产，并在核心竞争力和能力方面表现出色，企业可以获得持续的市场优势（Knudsen, 2003）。Lavie（2006）扩展的资源视角包括以下要素：内部租金、拨付关系租金、内部资源外溢租金和外向资源内溢租金。③关联视角。共享经济不仅让参与企业可以赚取内部租金（来自自身资源稀缺的租金和创造价值的租金），也可以赚取分享租金。这种分享租金不能由一家企业独立获得，而是需要通过分享建立合作伙伴关系而获得。Lavie（2006）认为分享租金主要来源于合作方整合或交换特质资源、知识、基于特定关系的投资、补充资源禀赋和有效的公司治理机制等，资源共享好处来自其产生空置资产的租金收益，分享租金收益可以使双边受益。

共享经济绩效的实证研究主要针对企业经济效益和社会效益两个方面进行。①经济效益。Hamari et al. (2016) 测试了一个简单的结构模型的共享经济消费（n=168），发现外在的经济利益动机也决定共享经济行为意向。Fraiberger and Sundararajan（2015）使用汽车分享公司 Getaround 两年的客户数据，研究认为：旧金山市场租赁取代所有权（特别是对于中等以下收入水平的人），而汽车分享行业具有明确证据创造消费者剩余。Tussyadiah（2015）发现经济利益是分享旅馆行业一个关键动机。②社会效益。Benkler（2004）认为："集中连接分散个体之间的分享行为是可行的，其越来越流行和越来越重要。Fremstad（2014）的研究，分享汽车不仅具有经济效益，环境效益也非常好。刘建军、邢燕飞（2013）研究认为，共享经济改变了交易选择空间和福利提升空间，改变产权观念，培育合作意识，形成新的供给模式与交易关系，改变劳资关系并有利于解决城市管理问题。Bardhi and Eckhardt（2012）对分享汽车行业研究发现，分享消费者主要是出于自身利益的动机和功利主义。Shaheen and Cohen（2008）研究发现，汽车分享最重要的动机是成本节约、地点方便和停车保障等。虽然共享经济主观上是利己主义，但是其客观上满足绿色低碳出行的可持续发展需要（Matzler et al.，2015）。

五、共享经济公共政策研究

相比传统经济，共享经济尚处于发展初期，其产业成熟度低，企业行为不够规范，产业发展存在天然垄断特征和不公平竞争，行业监管不力，存在隐私泄露和市场歧视等问题。

1. 共享经济业态存在问题

（1）信息不对称和经济风险，导致交易双方信任缺失。

分享消费的最主要的特征就是通过平台服务建立人与人之间的信任，从而促成交易。由于分享消费的交易双方主体都是小微个体，很难通过大规模广告进行市场宣传，主要靠用户评价等手段获得陌生主体的交易，市场不对称程度相对较高。信息上的不对称和经济上的风险使得这些商业从名誉机制向信任机制转变（Resnick and Zeckhauser，2002）。石岿然（2019）认为对共享经济平台而言，政府要向共享经济的提供者进一步明确产品或服务的评价标准，促进消费者对共享经济产生持续的信任感。

分享房屋的需求者通过房东放在分享平台上的照片推测房屋是否适合入住，房屋业主是否值得信任，并进而做出决策。市场参与者可能通过物品所有者的照片或视频来增加信任。由于分享交易市场中与陌生人交易涉及信息不对称和经济风险，分享平台都建立了鼓励信任的声誉机制交易员（Resnick and Zeckhauser，2002）。不仅仅是经济风险，共享经济平台包括额外的风险。例如，沙发冲浪（Lauterbach et al.，2009）提供免费住宿在陌生人的家中，存在安全风险。同时凌超、张赞（2014）以"在线短租"为例，讨论了共享经济商业模式发展现状及遇到的难题。杨书培（2015）认为"途家"通过建立诚信体系提高顾客的满意度。

（2）传统产业组织均衡被打破，造成不公平竞争。

由于共享经济进入门槛不高，初期的成本优势明显，且介入的都是有一定产业壁垒的行业，所以发展规模短期内快速扩展，极大冲击了原有的商业秩序和竞争格局，造成了一定的经济社会问题，如：网约车的出现对传统出租车行业的冲击问题，现行法律法规没有要求"专车"司机承担和出租车相同的税费和负担，客观上形成了不公平竞争（唐清利，2018）。如：出租车和酒店行业通常都要遵守许可证的要求，税收和费用，健康和安全规则和检查，行政部门对出租车定价和数量都有严格规定，但是对分享汽车行业则缺乏相关监管措施。

Matzler（2015）研究发现对使用权的消费将直接减少新产品购买，随之而来的则是传统产业发展和市场扩大的阵痛。Martin et al.（2011）对汽车分享的研究显示，汽车分享导致户均车辆拥有量从0.47下降到0.24，每分享一辆分享汽车就能替代9～13辆私家车，有不少家庭在参与汽车分享之后就取消购车计划。Zervas et al.（2017）研究发现美国德州Airbnb客房数量每增加1%，当地酒店季度收入就会下降0.05%。

（3）产业成熟度低，存在垄断和不正当竞争。

一方面是新的市场良莠不齐，产品服务和质量远没有达到成熟市场标准，市场野蛮生长，拼车、短期住宿或其他共享服务的新平台价格和质量较为混乱，引致市场失灵（秦铮、王钦，2017）；另一方面监管缺失，分享平台主导了交易核心问题，如：成交方式、成交价格、服务门槛等方面，很多参与者只能被动接受价格，这种垄断优势经常导致产品搭售和价格同盟的不正当竞争行为，从而损害消费者利益。未受监管的共享经济服务的公平性受到了质疑（Ranchordás，2015），分享平台冲击了传统行业从业者工作条件和保障，导致其实际工资下降（Schor，2014）。共享经济虽然优化资源配置并提高经济效率，但也带来了负外部性问题。如短租市场带来不安全因素，以及交通拥堵和环境污染等。

（4）监管不力，导致隐私泄露和市场歧视等问题。

共享经济还存在个人隐私风险，如分享房屋通常需要卖家或买家的照片作为验证手段。共享经济经常需要客户信息，从而供求双方地址、种族、生活习惯等隐私信息都暴露于平台视野里。一旦信息有所泄露，势必损害到用户利益。共享经济业务的一个核心特征是，它们依赖于用户数据和算法匹配买卖双方，设定价格，监控行为。共享经济平台的数据收集和个性化算法，引发了一些潜在的具有挑战性的监管问题。例如，消费者没有权利限制平台使用数据的方式。普通的商业信贷贷款人不能使用申请者的种族，性别，宗教，年龄或婚姻状况而拒绝贷款或设定利率，众筹平台这种歧视现象较为常见。Edelman（2014）通过研究Airbnb发现，分享房屋行业存在种族歧视问题，黑人客户在纽约市被收取比非黑人同行更高的价格，这种歧视是由于客户的照片泄露引起的。韩海超（2018）在对途家网的分析中发现其对用户隐私信息安全不够重视。刘海英（2018）认为数据的安全"流通"共享以及隐私保护问题可以通过区块链技术与大数据技术的融合加以解决。

2. 公共政策

Miller（2016）提出了共享经济监管的十项基本原则：共享经济是差异化，所以需要差异化的监管；共享经济必须阳光化运行；监管共享经济需要获得恰当的信息；要审视接受共享经济已经来临的现实；共享经济将颠覆和重构现有市场；现有市场参与者也试图占领共享经济新市场；共享经济引发了对现有监管架构的重新思考与定位；共享经济需要超越现有监管方式的反应模式；损害和补偿措施是共享经济面对的独特新型挑战；共享经济监管政策应该对所有角色的参与者做出反应。现有监管面临的挑战包括：

（1）监管法律体系重构。

传统的经济监管系统重在市场准入审批，强调层级管理和条块分割管理，而共享经济需要跨行业和跨区域的经营。张毅等（2019）从制度体系、政府治理、企业经营、产品完善、用户规范方面评估政策制定中公众参与度及政府对公众反馈意见的采纳效果。

（2）监管对象确认。

传统的从业监管都是地域性的，而共享经济很容易跨越时间和空间，市场参与者良莠不齐，且没有监管的备案记录，监管对象的确定较为复杂。对此，学者们提出了政府与平台合作监管的模式。其中，秦铮、王钦（2017）提出建立"政府—市场—社会"三方协同机制，唐清利（2018）从社会治理的角度提出公共管理部门与共享经济平台公司建立合作治理机制，张丙宣、华逸婕（2019）从合作监管的视角梳理了共享单车监管的政策和实践。

（3）监管策略应对。

从经济发展来看，监管旨在消除市场失灵，常规手段有行政许可、资格审查、数量、质量和价格管制等，但这些手段很难在共享经济中得到有效实施。如出租车有若干行业监管标准，但网约车模糊了机动车营运与非营运的界限。传统的出租车行业属于准公共产品，政府实行市场准入和职业资质管理，政府可以实行定价和数量控制。但在共享经济模式下，私家车加入出行服务，无论是价格还是数量控制手段均无法实施。Ranchordás（2015）指出：共享经济作为一种新兴模式，需要更少但更广泛的规则，既不扼杀行业创新，同时也提供最低限度的法律要求，从而为未来发展提供开放规则。唐清利（2018）提出了合作监管与自律监管相结合的混合监管模式。具体而言，地方政府除了强调保护消费者和保护原来的传统行业外，还应采取一些组合的规制策略：建立合作规制模式，比如通过补贴，鼓励共享公司扩大其提供公共产品和增加消费者剩余的服务范围，尽量减少政府对市场的过度监管，鼓励其中的标志性共享公司（或行业协会）建立自律监管机制；利用共享公司作为再分配的工具；通过合同，让共享公司为政府提供一些传统服务；建立以地方政府属地监管为管辖原则的合作监管制度，政府将重点监管涉及国家安全、社会稳定、经济安全、人权保障、外国在华经营等重大事项。

参 考 文 献

[1] 陈应龙：《双边市场中平台企业的商业模式研究》，浙江大学出版社2016年版。
[2] 陈元志：《面向共享经济的创新友好型监管研究》，载《管理世界》2016年第8期。
[3] 韩海超：《我国共享房屋企业发展的问题与对策研究》，北京邮电大学学位论文，

2018 年。
[4] 侯梦宇、苏晨青:《共享经济领域下房屋短租模式的发展对策研究——以小猪短租为例》,载《价值工程》2018 年第 35 期。
[5] 凌超、张赞:《"分享经济"在中国的发展路径研究——以在线短租为例》,载《现代管理科学》2014 年第 10 期。
[6] 刘海英:《"大数据+区块链"共享经济发展研究——基于产业融合理论》,载《技术经济与管理研究》2018 年第 1 期。
[7] 秦铮、王钦:《分享经济演绎的三方协同机制:例证共享单车》,载《改革》2017 年第 5 期。
[8] 石岿然:《基于提供者视角的共享经济参与者动机》,载《中国流通经济》2019 年第 10 期。
[9] 谭瑞琮:《平台经济与科技资源共享》,载《华东科技》2012 年第 9 期。
[10] 唐清利:《共享经济新经济模式下的社会治理新思路》,载《国家治理》2018 年第 40 期。
[11] 徐晋:《大数据经济学》,上海交通大学出版社 2014 年版。
[12] 杨书培:《中国分享经济发展的必要条件及可持续发展性》,载《经济观察》2015 年第 13 期。
[13] 张丙宣、华逸婕:《共享经济的监管:一个分析框架——以共享单车为例》,载《浙江社会科学》2019 年第 5 期。
[14] 张为付:《分享经济的理论原点与应用维度》,载《南京财经大学学报》2015 年第 5 期。
[15] 张毅、杨奕、邓雯:《政策与部门视角下中国网络空间治理——基于 LDA 和 SNA 的大数据分析》,载《北京理工大学学报(社会科学版)》2019 年第 2 期。
[16] 郑小碧:《"+互联网"、"互联网+"与经济发展:超边际一般均衡分析》,载《经济学动态》2017 年第 6 期。
[17] 郑永彪、王丹:《基于移动互联网背景的分享型经济发展探析》,载《北京市经济管理干部学院学报》2015 年第 2 期。
[18] 朱宝丽:《分享经济发展现状、国际考察与监管选择》,载《上海师范大学学报(哲学社会科学版)》2017 年第 4 期。
[19] 朱振中:《基于双边市场理论的产业竞争与公共政策研究》,北京邮电大学学位论文,2006 年。
[20] 祝碧衡:《共享经济开始改变世界》,载《竞争情报》2015 年第 3 期。
[21] Bardhi, F. and Eckhardt, G. M. , 2012: Access-based Consumption: The Case of Car Sharing, *Journal of Consumer Research*, Vol. 39, No. 4.
[22] Belk, R. , 2014: Sharing Versus Pseudo-Sharing in Web 2.0, *Anthropologist*, Vol. 18, No. 1.
[23] Belk, R. , 2014: You are What You Can Access: Sharing and Collaborative Consumption Online, *Journal of Business Research*, Vol. 67, No. 8.
[24] Benkler, Y. , 2004: Sharing Nicely: On Shareable Goods and the Emergence of Sharing as a Modality of Economic Production, *The Yale Law Journal*, Vol. 114, No. 10.
[25] Botsman, R. and Rogers, R. , 2010: *What's Mine is Yours: the Rise of Collaborative*

Consumption, New York: Harper Collins.

[26] Caillaud, B. and Jullien, B. , 2003: Chicken & Egg: Competition among Intermediation Service Providers. *RAND Journal of Economics*, Vol. 34, No. 2.

[27] Catulli, M. , Cook, M. , and Potter, S. , 2017: Consuming Use Orientated Product Service Systems: a Consumer Culture Theory Perspective, *Journal of Cleaner Production*, Vol. 141, No. 9.

[28] Cho, S. and Rust, J. , 2010: The Flat Rental Puzzle, *The Review of Economic Studies*, Vol. 77, No. 2.

[29] Edelman, B. G. and Luca. M. , 2014: Digital Discrimination: The Case of Airbnb. Com, *Harvard Business School NOM Unit Working Paper No. 14 - 054*.

[30] Fradkin, A. , 2015: Search Frictions and the Design of Online Marketplaces, *Working Paper*, Massachusetts Institute of Technology.

[31] Fraiberger, S. P. and Sundararajan, A. , 2015: Peer-to-peer Rental Markets in the Sharing Economy, *SSRN Working Paper*.

[32] Fremstad, A. , 2014: Gains from Sharing: Sticky Norms, Endogenous Preferences, and the Economics of Shareable Goods, *Working Paper*, University of Massachusetts, Department of Economics.

[33] Hamari, J. , Sjöklint, M. , and Ukkonen, A. , 2016: The Sharing Economy: Why People Participate in Collaborative Consumption, *Journal of the Association for Information Science and Technology*, Vol. 67, No. 9.

[34] Kaufman, A. , Wood, C. H. , and Theyel, G. , 2000: Collaboration and Technology Linkages: a Strategic Supplier Typology, *Strategic Management Journal*, Vol. 21, No. 6.

[35] Knudsen, D. , 2003: Aligning Corporate Strategy, Procurement Strategy and E-procurement Tools, *International Journal of Physical Distribution & Logistics Management*, Vol. 33, No. 8.

[36] Koh, J. and Venkatraman, N. , 1991: Joint Venture Formations and Stock Market Reactions: An Assessment in the Information Technology Sector, *Academy of Management Journal*, Vol. 34, No. 4.

[37] Lauterbach, D. , Truong, H. , and Shah, T. , 2009: Surfing a Web of Trust: Reputation and Reciprocity on Couch-surfing. Com, *Proceedings of the 2009 International Conference on Computational Science and Engineering*, Vol. 4.

[38] Lavie, D. , 2006: The Competitive Advantage of Interconnected Firms: An Extension of the Resource-based View, *Academy of Management Review*, Vol. 31, No. 3.

[39] Li, J. , Moreno, A. , and Zhang, D. J. , 2015: Agent Behavior in the Sharing Economy: Evidence from Airbnb, *Working Paper Series*, Ross School of Business.

[40] Lizzie, R. , 2015: Performing the Sharing Economy, *Geoforum*, Vol. 67, No. 12.

[41] Martin, E. W. and Shaheen, S. , 2011: Greenhouse Gas Emission Impacts of Carsharing in North America, *Intelligent Transportation Systems*, Vol. 12, No. 4.

[42] Matzler, K. , Veider, V. , and Kathan, W. , 2015: Adapting to the Sharing Economy, *MIT Sloan Management Review*, Vol. 56, No. 2.

[43] Miller, S. R. , First Principles for Regulating the Sharing Economy, *SSRN Electronic*

Journal, Vol. 53, No. 1.

[44] Park, N. K., Mezias, J. M., and Song, J., 2004: A Resource-based View of Strategic Alliances and Firm Value in the Electronic Marketplace, *Journal of Management*, Vol. 30, No. 1.

[45] Ranchordás, S., 2015: Does Sharing Mean Caring: Regulating Innovation in the Sharing Economy, *Minn. JL Sci. & Tech.*, Vol. 16, No. 1.

[46] Resnick, P. and Zeckhauser, R., 2002: Trust Among Strangers in Internet Transactions: Empirical Analysis of eBay's Reputation System, *The Economics of the Internet and E-commerce (Advances in Applied Microeconomics)*, Vol. 11.

[47] Rifkin, J., 2014: *The Zero Marginal Cost Society: The Internet of Things, the Collaborative Commons, and the Eclipse of Capitalism*, New York: St. Martin's Press.

[48] Rochet, J. C. and Tirole J., 2006: Two-sided Markets: a Progress Report, *The RAND Journal of Economics*, Vol. 37, No. 3.

[49] Rochet, J. C., 2003: Platform Competition in Two-sided Markets, *Journal of the European Economic Association*, Vol. 1, No. 4.

[50] Schor, J., 2014: Debating the Sharing Economy. *Great Transition Initiative*, Working Paper.

[51] Shaheen, S. A. and Cohen, A. P., 2008: Worldwide Carsharing Growth: An International Comparison, *UC Davis: Institute of Transportation Studies*.

[52] Stolyarov, D., 2002: Turnover of Used Durables in a Stationary Equilibrium: Are Older Goods Traded More? *Journal of Political Economy*, Vol. 110, No. 6.

[53] Weitzman, M. L., 1984: *the Share Economy: Conquering Stagflation*, Cambridge, Mass: Harvard University Press.

[54] Zervas, G., Proserpio, D., and Byers, J. W., 2017: The Rise of the Sharing Economy: Estimating the Impact of Airbnb on the Hotel Industry, *Journal of Marketing Research*, Vol. 54, No. 5.

A Review of Industrial Theory of Sharing Economy

Hongmei Wang   Wanli Wang   Ruihai Li

Abstract: This paper tracks the research progress of sharing economy industry theory, and focuses on four aspects: industry structure, market behavior, industry performance and public policy. In terms of industrial structure, it focuses on the structural characteristics of the sharing economy, such as point-to-point, Internet +, platform form and collaborative consumption. In terms of market behavior, it focuses on the analysis of platform economics characteristics of the sharing economy. The platform develops from the original bilateral market to the current multilateral market, and the value pattern changes from the traditional ownership exchange to the consumption of the right to share the value, the competition between platforms and the competition between buyers and sellers within the platform. The sharing economy adopts the platform competition strategy, that is, the market strategy of two-way subsidy between buyers and sellers. The performance evaluation of sharing economy industry needs to consider both economic benefits and social benefits. Among them, contract coordination is the key to evaluate the economic benefits. However, the current sharing economy industry is characterized by low maturity, insufficiently standardized enterprise behaviors, monopoly and unfair competition among industrial organizations, weak industry supervision, privacy disclosure and market discrimination. On the one hand, this research has sorted out the research context of sharing economy industry theory, and on the other hand, it has important reference significance to the industrial supervision policy of sharing economy.

Key Words: Sharing Economy   Industry Structure   Market Behavior   Industry Performance   Public Policy

JEL Classification: L10   L52

中国对欧 OFDI 逆向技术溢出效应研究

——基于贸易增加值的视角

高运胜　张海钰鸣　李之旭[*]

摘　要：欧盟作为中国对外直接投资（OFDI）最大目的地，中国对欧盟直接投资逆向技术溢出效应是一个值得深入探讨的问题。论文梳理了 OFDI 逆向技术溢出对贸易增加值产生促进的理论机制，并针对中国投资欧盟展开经验验证。研究结果表明两者存在显著的正向影响，同时随着中国企业融入全球生产网络程度不断加深，中欧垂直专业化分工（VSS）水平提升了我国行业的国际市场竞争力。细分行业来看，逆向技术溢出效应对制造业国内增加值出口具有显著的正向影响，但是不利于生产性服务业的发展。论文从培养对欧盟 OFDI 多元化投资主体，完善国内价值链，推进国内生产性服务业发展等视角提出对策建议。

关键词：OFDI　逆向技术溢出　国内增加值　垂直专业化分工　竞争优势

一、引　言

自实施"走出去"战略以来，中国对外直接投资（Outward Foreign Direct Investment – OFDI）维持高速增长的态势，从 2008 年 559.1 亿美元上升至 2016 年 1961.5 亿美元[①]，OFDI 流量仅次于美国，是全球第二大对外投资国，但 2017 年我国国内企业共对全球 174 个国家和地区的 6236 家境外企业进行非金融类直接投资，累计实现投资 8107.5 亿元人民币，同比下降

---

[*] 本文受国家社科基金项目"价值链视角下本土市场、创新资源投入与出口企业技术创新研究"（17BJL107）、国家社科基金项目"制造业服务化对我国价值链升级的指标测度、形成机理及效应分析研究"（19CJY025）、国家自然科学基金面上项目"多时空尺度下区域经济边界效应测度模型、变化机理与影响机制研究"（71874106）、上海哲学社会科学规划课题"全球价值链分工下我国对外贸易转型升级的就业结构变动效应研究"（2016BJB006）资助。感谢匿名审稿人的宝贵建议！
高运胜：上海对外经贸大学国际经贸学院；地址：上海市松江区文翔路 1900 号，邮编：201620；Email：dinogys@163.com。
张海钰鸣：兴业证券股份有限公司固定收益事业总部；地址：上海市浦东新区长柳路 36 号，邮编：200135；Email：zhanghaiyuming@xyzq.com.cn
李之旭（通信作者）：上海对外经贸大学国际经贸学院；地址：上海市松江区文翔路 1900 号，邮编：201620；Email：lzx6877@163.com。

[①] 资料来源：商务部对外投资与合作司统计数据。

28.2%（折合1200.8亿美元，同比下降29.4%），非理性投资得以一定程度的遏制[①]。而同期，欧债危机以后中国"一带一路"倡议对接欧盟"容克计划""16+1"合作机制推进及当前国际政治经济格局变迁等因素使中国企业在欧盟基础设施建设、科技创新与人文交流等投资领域存在战略机遇，欧盟已成为中国对外投资最大目的地。2016与2017年中国对欧盟直接投资增长82.4%与76%，对欧投资额接近吸收欧盟投资5倍，而同期对北美投资下降36%[②]（见图1）。

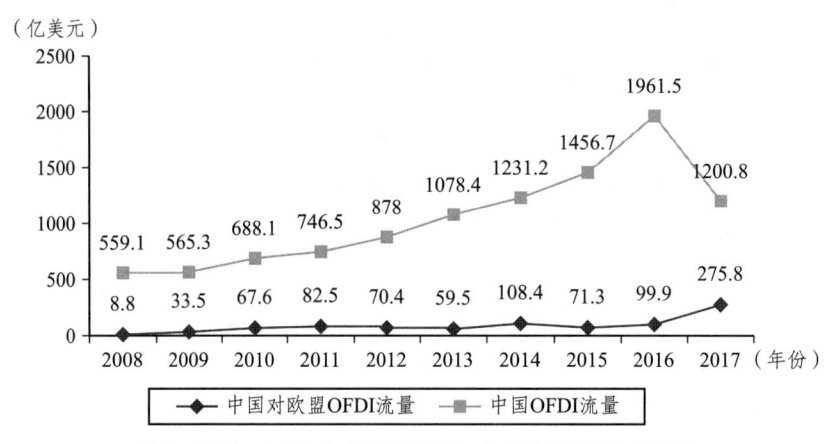

图1 2008~2017年中国OFDI与对欧盟OFDI流量比较

资料来源：2008~2016年数据源自中国对外直接投资公报中整理投资欧盟数据，2017年来自欧盟统计局数据。

同时在中美贸易摩擦持久影响背景下，美方不仅实施贸易保护，而且对中国部分企业实行技术出口管制，抑制了中国对美方技术溢出的吸收。而中欧双方基于全面战略框架协议在经济全球化和多边贸易等问题上具有更全面且广泛的共识，在2017年整体OFDI大幅下滑情况下，中国企业投资欧盟仍然逆势快速增长。但是，中国对欧OFDI存在较大行业差异，对于逆向技术溢出效应明显的科学研究与服务业、软件及信息服务业投资虽然存量增长迅速，但总体占比依然偏低（见表1）。行业间异质性会导致中国对欧盟投资带来的逆向技术溢出在不同行业间受益分配程度具有差异。

[①] 2017年12月中国国家发改委审议通过了《企业境外投资管理办法》，同时2018年1月25日商务部、央行、国资委、银监会、证监会、保监会、外汇局等联合印发《对外投资备案（核准）报告暂行办法》，将重点查看中方投资额3亿美元以上的对外投资，对敏感地区、敏感行业对外投资进行重点督查，并重点督查出现重大经营亏损的对外投资。同时欧美等东道国对外资的严格监管审查，2016年有30项交易被取消（欧洲20项、美国10项），总价值高达740亿美元。

[②] 英国《金融时报》2018年1月11日援引荣鼎咨询（Rhodium Group）和柏林智库墨卡托中国研究中心（Mercator Institute for China Studies）发布的数据。

表1　　　　　　2013~2017年中国对欧盟OFDI行业分布　　　　单位：亿美元

行业	2013年 存量	2013年 占比（%）	2017年 存量	2017年 占比（%）	存量增长率（%）
制造业	80.3	20	246.2	28.6	206.8
金融业	86.3	21.5	171.3	19.9	98.5
采矿业	40.7	10.2	141.3	16.4	246.8
租赁和商务服务业	103.3	25.8	99.2	11.5	-4.0
批发和零售业	41.6	10.4	44.9	5.2	7.9
房地产业	3.5	0.9	31.6	3.7	800.7
科学研究和技术服务业	7.7	1.9	26.9	3.1	252.0
电力/热力/燃气及水的生产和供应业	7.4	1.8	20.9	2.4	182.9
信息运输/软件和信息技术服务业	0.8	0.2	20.3	2.4	2329.1
交通运输/仓储和邮政业	12.3	3.1	17.2	2.0	39.9
文化/体育和娱乐业	0.3	0.1	12.4	1.4	3558.0
农/林/牧/渔业	2.4	0.6	9.1	1.1	284.0
住宿和餐饮业	2.8	0.7	9.1	1.1	229.4
居民服务/修理和其他服务业	0.9	0.2	4.1	0.5	375.6
建筑业	9.8	2.4	3.2	0.4	-67.5

资料来源：高运胜等（2019）。

一国出口的国内增加值（Domestic Value Added – DVA）是衡量该国产业一体化生产能力、产业竞争力和贸易利益的重要衡量指标。发达国家因拥有资本、技术、高技能人力资本等高等要素因而在产品的研发设计、品牌营销上具有比较优势，出口中含有本国增加值占比较高，占据着产品价值链的上游核心技术环节。发展中国家则更多地依靠低成本的劳动力资源，从事着具有高竞争性的低附加值标准化加工制造环节。在这种分工格局下，发展中国家能否摆脱被"锁定"在价值链底端的地位，占据价值链和生产链的主导地位并提升在价值链中的获利能力，对我国当前在经济换挡时期能否成功转型、跨越中等收入陷阱具有重要意义。根据现有的研究，OFDI是实现逆向技术溢出的重要方式，生产效率以及技术相对落后的国家对具有先进技术的东道国进行投资，进行一系列地学习和模仿，从而促进母国相关产业的发展。

欧盟作为中国最大的贸易伙伴与投资目的地，中国对欧盟直接投资带来的技术溢出是否能有效促进本国产业的升级，提升国内增加值的出口？本文基于贸易增加值视角，从国内增加值率与国际竞争力两个层面分析中国对欧盟OFDI逆向技术溢出效应做出经验验证。

二、相关研究综述

逆向技术溢出的研究最初从技术溢出发展而来，主要从东道国视角展开分析。Grossman and Helpman（1991）也发现贸易伙伴之间存在技术外溢的现象。鉴于当时并没有完善的计量经济学发展，此时的技术溢出只限于理论上的研究，并没有实证的支持，所以在学界并没有引起广泛的关注。伴随着计量经济学的日趋完善，Coe and Helpman（1995）通过实证研究证实了存在OFDI 技术溢出效应。随着近年来我国对外直接投资规模增长迅速，逆向技术溢出效应引起众多学者的广泛关注，研发成本分摊、海外研发成果反馈、逆向技术转移和外围研究技术剥离等方式均会促进母国技术进步（赵伟等，2006）。

（一）逆向技术溢出效应的影响因素

欧阳艳艳等（2019），周春应（2010）从创新能力、消化吸收能力和技术传导渠道等角度分析了影响我国逆向技术溢出的因素，李梅、金照林（2011），张宏、郭庆玲（2011）等主要从"研发费用"和"人力资源"这几个角度进行研究，陶爱萍、盛蔚（2018）的研究表明东道国与投资目标国存在的技术级差对 OFDI 的逆向技术溢出有显著的正向作用李梅等（2014），顾露露等（2016）从东道国制度环境、技术集聚视角分析了跨国公司海外投资逆向技术溢出效应。

（二）OFDI 逆向技术溢出与全球价值链

众多学者研究表明一国对外直接投资获取的逆向技术溢出对母国技术进步和所处全球价值链地位提升具有明显的促进作用。刘伟全、张宏（2008）采用分行业的面板数据，分别研究了消费者驱动型和生产者驱动型价值链的对外投资溢出，研究结果表明消费者驱动型价值链所获取的逆向技术溢出要远远大于生产者驱动型价值链获取的逆向技术溢出。杨连星、刘晓光（2016）认为对外直接投资等参与全球价值链分工方式获取的逆向技术溢出促进了出口技术复杂度的提升。杨连星、罗玉辉（2017）采用国家层面和行业层面的数据，研究发现中国对外直接投资获取的逆向技术溢出显著促进中国全球价值链嵌入程度提升和地位升级。

相对于已有研究，本文可能的边际贡献如下：第一，研究视角方面。相对于现有文献，本文聚焦于中国最大 OFDI 目的地且存在更广泛合作空间的欧盟，对于中国对欧 OFDI 逆向技术溢出对中国产业发展的影响给予考量。同时考虑到行业间影响的异质性，将行业分为资源行业、制造业、生产性服务业和其他行业进行进一步研究。第二，在研究方法方面，本文采用 WWZ 方法测算国内增加值，将出口国内增加值作为体现行业生产能力和出口竞争力指标，剔除了由于国外要素造成的"统计幻象"。同时，采用 WWZ 中的增加值的前向分解法构建显示性比较优势指数（Revealed Comparative Advantage – RCA）进行稳健性分析，这种分解方法，不但剔除了国外增加值对于指标测度造成的干扰，同时还剔除了本国内其他行业对该行业增加值出口的贡献，更能够反映该行业自身出口增加值的国际竞争力。本文综合运用这些测算方法可以更真实地反映行业生产能力和竞争力的动态变化，为后文实证研究提供基础。第三，在研究发现方面，本文发现中国对欧 OFDI 逆向技术溢出对于增加值的提升效应仅限于制造业，对于其他产业尤其是生产性服务业则效应不够显著，因此如何"扬长避短"格外重要。

三、理论机制与研究假设

中国和欧洲在产业结构具有较高的互补性，欧盟国家已经具有较为完备的工业体系，而中国以代工模式起步，部分高端制造业还仍处于初级阶段，缺乏核心技术。但是随着中国产业的迅速发展，生产能力、生产规模、模仿能力和学习能力的不断攀升，逐渐具备承接欧洲发达国家先进技术设备的能力。同时随着我国步入"新常态"，更加注重高质量发展，这就要求企业推进结构性改革，而欧洲的管理制度体系较为完善高效，在一定程度上能起到借鉴作用。综上来看，中国的产业具备 OFDI 逆向技术溢出效应作用发挥的条件和基础，具体分为直接传导渠道和间接传导渠道两类。直接传导渠道是指国内对欧投资直接提升了企业的全要素生产率（TFP），进而促进了全行业生产率提高，提升了行业的生产能力，向外输出更多本国价值。间接渠道是对外直接投资的企业获取的新技术、研究开发能力通过向上下游产业链的"联系""竞争"和"学习"，将技术进步传导到其他企业，从而实现全行业的生产率提高与价值链地位提升（蒋冠宏、蒋殿春，2014）。

（一）直接传导渠道

对外直接投资逆向技术溢出是技术知识经 OFDI 渠道逆向回流到投资东道国，并对企业全要素生产率（TFP）具有显著的正向提升作用。第一，对欧投资带来的技术溢出能够充分发挥国内企业的"干中学"效应，提高企业生产效率以及管理能力。中国对欧 OFDI 使得国内企业有机会接近前沿的创新理念、完善的创新体系和最新的研发成果，有助于国内企业学习吸收先进知识，有助于企业获知欧盟标准、消费者偏好等信息（蒋冠宏，2017）。另外，母公司在东道国激烈的市场竞争环境下，必须要扩大 R&D

支出、整合国内外的知识和技术,"干中学"效应将会提高企业的技术水平和管理效率。Branstetter(2000)也证明了这一点,提出企业对外直接投资有利于学习国外公司的先进管理模式和前瞻性的战略框架,进而提高企业的生产效率。第二,中国对欧 OFDI 能够促进规模经济、分摊研发成本和提高边际收益。企业对外投资扩充了市场,提升了东道国市场占有率(Braconier et al.,2001),进而有助于产生规模经济。而规模经济的产生反过来又有助于企业扩大市场份额,分摊研发费用和成本(Driffield and Love,2003),形成良性循环。杨连星、罗玉辉(2017)认为进一步的对外直接投资产生的收益反馈,提高了企业的边际收益,将使企业进一步提高研发投入,扩大企业的竞争优势。在直接影响渠道方面,我国企业对外直接投资可能通过上述渠道促进企业生产率提高,减少对国外要素投入的依赖,扩大出口中的本国价值。

(二)间接传导渠道

企业之间的知识、技术和创新能力的交流可以促进低效率企业提高自己的生产效率,并向价值链高端攀升,进行高附加值环节的生产,主要通过以下三种间接传导渠道来实现逆向技术溢出效应。第一,联系效应机制。研究发现专业化合作使上下游的企业之间联系密切,这使得技术能以中间产品投入、生产外包和专有技术转移等方式在企业间流动,所以企业对外直接投资获取的逆向技术溢出会通过这一机制在产业链上下游企业之间传播,进而带动全行业的生产率进步(Grossman and Helpman,1990)。第二,竞争机制。同行业企业之间存在激烈的竞争,这会迫使在竞争中处于不利地位的企业加大研发投入,以改变自己的落后局面。企业通过对外直接投资获取逆向技术溢出得到市场竞争优势后,可能招致其他企业研发投入的扩大,从而提高整个行业的技术水平。第三,学习效应机制。员工在不同企业间流动可以带来技术、知识和产品创新的流动。企业通过对外直接投资获取的先进技术和创新能力,可能通过这种人员流动的机制实现技术在全行业的转移扩散,从而促进全行业生产效率的提高(Potterie and Lichtenberg,2001)。通过上述三种间接作用机制,企业对外直接投资获取的逆向技术溢出间接促进了全行业其他企业的技术进步,让越来越多的企业从事高附加值环节的生产。

如图 2 所示,发展中国家对发达国家直接投资后逆向技术溢出主要分为技术互动、技术转移、技术吸收与技术扩散四个路径。①发展中国家跨国公司 A 到发展中国家投资发达国家建立子公司 D;②发达国家相关企业、研发机构与子公司 D 进行技术互动,③发达国家子公司 D 向发展中国家母公司 A 技术转移;④发展中国家同类企业 A 和 B 之间技术吸收;⑤发展中国家相关企业 A、B 和 C 之间技术扩散。发展中国家从而实现工艺或者流程升级,且对发达国家投资母公司竞争优势与 GVC 地位得以提升（葛顺奇、罗伟,2013）。欧盟作为中国最大的技术来源地,综上所述,本文提出假设 1。

假设 1：总体而言,中国对欧 OFDI 逆向技术溢出对国内行业出口增加值产生促进作用。

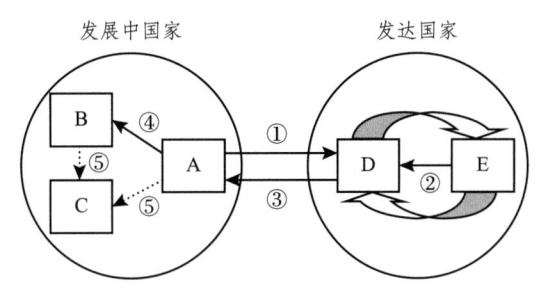

图 2　发展中国家向发达国家 OFDI 逆向技术溢出路径

注：⟶表明企业间技术溢出……▶表明行业间技术溢出。
资料来源：笔者绘制。

细分行业来看,中国对欧 OFDI 逆向技术溢出可能会产生异质性影响。就制造业而言,我国已经拥有相对完整的产业体系和配套设施,其前向参与度不断提升,全球价值链地位也逐渐从低端向中间环节提升。同时我国也在推进产业集聚,能够更充分发挥规模效应,并能够带动产业集群周边地区经济的发展,实现产业间的技术溢出以及地区间的技术溢出,为我国产业高质量发展奠定了基础。但是我国制造业特别是高端制造业仍然面临部分核心零部件依赖进口,缺乏核心技术的困境。制造业的并购活动是中国对欧 OFDI 的主要方式,包括信息通信、电子产品、汽车制造等领域,有助于改善我国制造业"大而不强"的局面。OFDI 逆向技术溢出会依托于我国庞大的制造业生产体系,在上下游产业间、地区间辐射和扩散,提高我国制造业的竞争力。但是就具有中间投入特征的生产性服务业而言,虽然近阶段年我国发展迅速,但产业链上游中的研发设计、信息及软件技术与下游的商业服务等知识密集型领域服务能力相对薄弱。而欧盟生产性服务业与制造业融合程度较高,服务型制造相对发达,且很有可能会对国内生产性服务业形成替代,不仅中国对欧盟且中欧垂直专业化分工减少中国生产性服务业就业需求（王云飞等,2020）,使得逆向技术溢出无法在母国有效扩散,甚至阻碍服务行业中高技能型工人就业,生产性服务业国际竞争力弱导致对欧盟 OFDI 相对于制造业比重偏低,且需要大量从欧盟等发达国家进口,虽然中欧服务业国际分工的垂直专业化水平不断提升但仍处于"低端锁定"阶段。由此,本文提出假设 2。

假设 2：因对欧盟主要行业 OFDI 投资规模不同,源自欧盟的逆向技术溢出效应对不同产业存在异质性影响。

四、中国对欧盟 OFDI 逆向技术溢出效应的实证检验

（一）指标测算与数据来源

1. 出口国内增加值（Domestic Value Added – DVA）和垂直专业化率（Vertical Specialization Share – VSS）

论文借鉴王直等（2015）总贸易核算方法（WWZ）基于 WIOD 数据测算中欧两地区间制成品整体及分行业 DVA 与 VSS 指数。按照此方法，出口中的国内增加值不再包括返回出口国的增加值，以及国内账户的重复计算部分。仅仅包括最终品出口中的国内增加值成分（DVA_FIN）、中间品出口并在进口国被生产和最终消费的增加值成分（DVA_INT）以及被第三国吸收的部分（DVA_INT_REX）。垂直专业化率（VSS）是指垂直专业化（VS）值在一国总出口的占比，其占比越高说明参与全球分工的程度越深，代表了跨国分工的深化。垂直专业化不仅包括了国外增加值，而且纳入了国内账户和国外账户的重复计算部分①。

2. OFDI 逆向技术溢出计算

本文借鉴 Coe and Helpman（1995）、Potterie and Lichtenberg（2001）、Braconier et al.（2001）等的方法，计算中国对欧盟 OFDI 获得 R&D 资本存量衡量的逆向技术溢出。中国 OFDI 获得欧盟研发（R&D）行业层面资本存量，通过 OFDI 存量与固定资本形成额比重加权计算而来：

$$\text{SPILL}_{it} = \frac{\text{OFDI}_t}{Y_t} S_{it} \quad (1)$$

其中 OFDI_t 表示第 t 年中国对欧盟的 OFDI 存量，Y_t 表示第 t 年欧盟的 GDP，S_{it} 表示第 t 年欧盟 i 行业的研发（R&D）资本存量。欧盟行业研发（R&D）资本存量按照永续盘存法进行计算，$S_{it} = (1-\delta)S_{it} + R_{it}$，$\delta$ 为折旧率，R_{it} 表示欧盟 i 行业第 t 年的研发（R&D）支出。参照 Coe and Helpman（1995）文献，取 5% 的折旧率。其中，以 2004 年为基期年份，$S_{2004} = R_{2004}/(g+\delta)$，$R_{2004}$ 为 2004 年欧盟某一行业研发（R&D）支出，g 为 2004 ~ 2014 年欧盟各行业的研发（R&D）支出的年平均增长率。本文所用的东道国研发经费支出来源于 EU Industrial R&D Investment Scoreboard，该数据库公布了欧盟研发费用支出排名前 2500 家公司的研发支出，根据 EU Industrial R&D Investment Scoreboard 的研究结论，排名前 2500 家公司的研发支出占比

---

① 详细过程请参见，王直、魏尚进、祝坤福：《总贸易核算方法：官方贸易统计数据与全球价值链的度量》，载《中国社会科学》2015 年第 9 期。

欧盟整体研发支出的97%，故采用排名前2500家公司的研发支出除以97%倒推出欧盟整体的研发支出，并按照行业进行研发支出分类。为了消除价格波动，各国的GDP经过各国的GDP平减指数进行折算，中国的OFDI存量数据以2004年为基期运用消费者物价指数（CPI）进行折算。

3. 基于前向分解的新显示性比较优势

在全球价值链的贸易背景下，传统RCA指数既忽略了国际行业间分工，又忽略国内行业分工，而基于前向分解方法不仅需要剔除名义出口中国外增加值的含量，且还需要包含本部门的间接出口——即隐含在本国其他部门出口的增加值（王直等，2015）。综上考虑本文重新给出了用于衡量产业国际竞争力水平的新指标（RCA），其计算公式为：

$$\text{RCA} = \frac{\hat{VF}_S^i}{\hat{VF}_S} \bigg/ \frac{\hat{VF}_W^i}{\hat{VF}_W} \tag{2}$$

公式（2）中，$\hat{VF}_S^i$表示S国行业i的贸易增加值，$\hat{VF}_S$表示的是S国所有行业贸易增加值的总和，$\hat{VF}_W^i$表示全球行业i的贸易增加值总和，$\hat{VF}_W$表示全球所有行业的贸易增加值之和即全球贸易总增加值。当NRCA接近1时说明该行业的比较优势处于全球平均水平；当NRCA>1时则说明该行业具有比较优势，优于全球平均水平；当NRCA<1时则反之说明该行业存在比较劣势，低于全球平均水平。同时本文采用NRCA作为稳健性检验指标，计算数值源自最新2016年版WIOD数据库。

其他数据来源中，东道国国内生产总值、GDP平减指数来源于欧盟整体与地区统计数据（Eurostat General and Regional Statistics）。中国对欧盟OFDI存量数据来源于各年度《中国对外直接投资公报》，消费者物价指数（CPI）来源于联合国贸发会议数据库（UNCTAD），行业的年度GDP数据来源于对外经济贸易大学全球价值链研究院。劳动资本密集度由行业总产出除以行业雇员人数得出，资本密集度由名义资本存量除以行业雇员人数得出，行业总产出、行业雇员人数、名义资本存量数据来源于WIOD社会经济账户（SocialEconomic Accounts，2016）。

（二）实证分析

1. 计量模型构建

参考WIOD2016的行业分类，本文将制造业和服务业分为56个大类，限于数据获取原因，采用2004~2014年数据展开实证分析。

$$\text{FGY}_{it} = \beta_0 + \beta_1 \text{SPILL}_{it} + \beta_2 \text{SVA}_{it} + \beta_3 \text{KEMP}_{it} + \beta_4 \text{GOEMP}_{it} + \beta_5 \text{VSS}_{it} + \lambda_t + \eta_i + \varepsilon_{it} \tag{3}$$

其中，FGY_{it}为中国出口国内增加值，SPILL_{it}为中国来自欧盟的OFDI逆向技术溢出，SVA_{it}为中国行业i第t年的行业GDP，KEMP_{it}为行业资本密集度，GOEMP_{it}为劳动资本密集度，VSS_{it}为垂直专业化率。下标i表示行业，下标 t 表示年份。FGY_{it} 表示行业 i 在第 t 年的出口国内增加值，用以衡量出口行业的 GVC 地位。$SPILLM_{it}$ 表示中国来自欧盟的 OFDI 逆向技术溢出，为实证分析中的核心解释变量。SVA_{it} 表示行业的 GDP，代表了母国的供给能力，供给会对行业出口国内增加值产生影响（刘海云、毛海欧，2016）。$KEMP_{it}$ 表示行业资本密集度，采用固定资产净额与行业员工数的比值来衡量。遵照比较优势等国际贸易经典理论，基于中国现阶段的低劳动成本禀赋特征，中国应该侧重生产并出口劳动密集型产品，但"中国制造2025"及地方政府对发展质量的追求，可能会偏向于对技术资本密集型的产业实施各种产业政策，会对资本技术密集型产业企业的出口优势造成一定程度的扭曲，人为虚高中国技术资本密集型行业的出口技术水平（齐俊妍等，2011；刘维林等，2014）。$GOEMP_{it}$ 表示劳动资本密集度，劳动密集度高的行业给人的印象就是低附加值和低技术含量，劳动资本密集度高的行业可能会因为低成本进而低价格和低利润使得行业出口竞争力得到提高。VSS_{it} 表示垂直专业化率，苗长青、李冬梅（2012）实证检验出垂直专业化分工程度对中美两国的静态贸易利益分配存在正向影响，江希、刘似臣（2014）研究也表明长期参与国际分工的垂直专业化程度会显著提高中国出口到美国的增加值。不同行业通过对外直接投资取得的国外研发资本存量在不同年份间的波动不相同，既与不可观察的行业特征有关，也与年份因素有关。因此控制了行业和年份的固定效应，吸收不随时间变化的不可观测行业因素影响以及不随行业变化等宏观经济因素的影响，如经济周期变化。η_i 为行业固定效应，λ_t 为年份固定效应，ε_{it} 为随机误差项。

2. 基准回归结果分析

（1）基准回归

采用前文设定的回归模型和计算、处理出的相关数据，本文首先进行了总体的基准回归检验。其中，总体的核心解释变量为行业对外直接投资获取的逆向技术溢出，被解释变量为行业的出口国内增加值。在不添加控制变量时，回归方程（1）的检验结果显示核心解释变量 OFDI 逆向技术溢出的系数在1%的显著性水平上显著为正。随着回归方程（2）~（5）中逐渐添加其他的控制变量，核心解释变量 OFDI 逆向技术溢出的系数有所下降，但是显著性水平依然维持1%的显著性水平上显著为正，表明通过对外直接投资获取逆向技术溢出对行业出口国内增加值的总样本回归结果产生正向影响，即 OFDI 逆向技术溢出显著促进中国产业升级（具体回归结果见表2），假设1得到验证。

表 2　中国对欧盟 OFDI 贸易增加值提升效应的基准回归

变量	(1) lnfgy	(2) lnfgy	(3) lnfgy	(4) lnfgy	(5) lnfgy
lnspill	0.399*** (5.24)	0.344*** (5.74)	0.320*** (4.90)	0.320*** (4.93)	0.359*** (6.23)
lnsva		0.466*** (12.86)	0.545*** (16.07)	0.546*** (13.26)	0.425*** (9.80)
lnkemp			0.184*** (4.73)	0.181** (2.60)	-0.0881 (-1.24)
lngoemp				0.00530 (0.06)	-0.417*** (-7.57)
lnvss					1.877*** (5.57)
常数项	6.470*** (28.06)	1.298*** (3.18)	-0.432 (-1.00)	-0.456 (-0.68)	8.495*** (7.01)
样本量	292	292	292	292	289

注：* 表示 $p<0.1$，** 表示 $p<0.05$，*** 表示 $p<0.01$，括号内为 t 统计值，以下同。

关于其他控制变量，行业资本密集度的系数在控制了行业垂直专业化率之后由正变为负，且系数不显著，说明排除了行业垂直专业化率的影响之后，资本密集度对行业出口国内增加值提升作用无明显作用。劳动资本密集度的系数在添加垂直专业化率这个控制变量之后变为显著为负，显示出参与垂直专业化分工、"人口红利"的消失使我国劳动密集型行业出口的低成本优势不复存在，劳动资本密集度更高的行业，更容易造成"低端锁定"，从事低附加值的生产。行业 GDP（SVA）和垂直专业化率（VSS）的系数也显著为正，说明行业 GDP、垂直专业化水平的提高都会增强行业出口的竞争力，随着全球价值链分工体系的完善，参与垂直专业化分工，会显著提高产业出口竞争力。

（2）时间滞后效应

中国对欧盟对外直接投资，通过"靠近效应"和"干中学"将从东道国获取的知识和技术通过各种渠道回流到母公司，提高生产效率进而影响母国出口增加值，这一过程应该存在时滞。因此，本部分进一步考察 OFDI 对行业出口增加值的时间滞后效应，回归结果如表 3 所示。

表 3　　中国对欧盟 OFDI 技术溢出对贸易增加值提升的滞后效应

变量	(1) lnfgy	(2) lnfgy	(3) lnfgy	(4) lnfgy
lnspill	0.359*** (4.99)			
Llnspill		0.328*** (4.64)		
L2lnspill			0.293*** (4.07)	
L3lnspill				0.277*** (3.71)
lnsva	0.425*** (3.54)	0.416*** (3.32)	0.401*** (3.06)	0.403*** (2.80)
lnkemp	-0.088 (-0.78)	-0.078 (-0.66)	-0.069 (-0.56)	-0.014 (-0.11)
lngoemp	-0.417*** (-2.82)	-0.388** (-2.55)	-0.365** (-2.32)	-0.321* (-1.92)
lnvss	1.877*** (6.07)	1.748*** (5.42)	1.642*** (4.86)	1.383*** (3.80)
常数项	8.495*** (4.19)	8.397*** (3.92)	8.438*** (3.71)	7.526*** (2.99)
样本量	289	261	232	203

表 3 第（1）~（4）列报告了中国对欧盟 OFDI 获得的 R&D 资本存量当期和滞后一期、二期、三期对出口增加值影响的回归结果。回归结果显示，ODFI 滞后一期、二期、三期变量对出口增加值均有正向影响，且系数随着滞后期数增加逐渐减小。说明对欧盟进行直接投资对母国出口的增加值存在显著时间滞后效应，滞后效应随着时间推移逐渐减弱。

（3）行业异质性

本文将出口增加值的行业构成大致分为资源行业、制造业、生产性服务业和其他行业四类，来探讨对欧 OFDI 逆向技术溢出增加值提升效应在不同行业之间的异质性。资源在一定时间内是有限的，利用有限的资源创造更多的价值即如何提升生产效率是我们要关心的核心问题，母国通过对东道国 OFDI 提高资源行业的资源利用率，进而导致资源行业出口中的国内增加值下降。制造业企业通过 OFDI 的直接传导机制和间接传导机制，接近东道国的高科技和市场，获得逆向技术溢出，提高生产效率进而提高整个行业的生产率，行业进口的国外高技术中间品减少，整个制造业行业出口中的国内增加值得到提高。生产性服务业依附于制造业，由于母国的生产性服务业发展滞后于欧盟，企业从低成本的角度出发，极可能出现将运输、法律、金融、保险、通信服务等生产性服务布局到欧盟、仅将初级中间品和加工组装环节留在国内的全球生产组织模式，这种模式将导致母国生产性服务业"空心化"，产业升级动力缺乏，出口中的增加值下降。

回归结果如表 4 所示，资源行业通过对欧盟 OFDI 获得逆向技术溢出，提高资源使用的生产效率，出口中的国内增加值减少，且只在当期和滞后 1 期时显著。对于制造业来说，通过 OFDI 获得技术进步、提高生产率水平、生产成本降低使得制造业出口中的国内增加值上升，对于进口中间品的依赖下降，且生产率的提高对于出口增加值的提升作用在长期依然显著。欧盟整体的生产性服务业发展水平远高于中国，中国生产性服务业在对欧盟进行对外直接投资的过程中，成本较高且竞争力较弱。综上所述，假设 2 得到验证。

3. 稳健性检验

前文基准回归模型检验了中国对欧盟直接投资获取的逆向技术溢出是否促进了出口国内增加值的提升，结果表明具有显著影响，为了更好验证中国对欧直接投资逆向技术溢出效应，论文采用新显示性比较优势 RCA 指数替换贸易增加值对回归结果进行稳健性检验。

$$\text{RCA\_e}_{it} = \beta_0 + \beta_1 \text{SPILL}_{it} + \beta_2 \text{SVA}_{it} + \beta_3 \text{KEMP}_{it} + \beta_4 \text{GOEMP}_{it} \\ + \beta_5 \text{VSS}_{it} + \lambda_t + \eta_i + \varepsilon_{it} \tag{4}$$

其中 RCA_e_{it} 为中国出口前向增加值测算的 RCA 指数，SPILL_{it} 为中国来自欧盟的 OFDI 逆向技术溢出，SVA_{it} 为中国行业 i 第 t 年的行业 GDP，KEMP_{it} 为行业资本密集度，GOEMP_{it} 为行业劳动密集度，VSS_{it} 为垂直专业化率。

回归结果如表 5 所示，核心解释变量行业对外直接投资获取的逆向技术溢出，被解释变量为传统贸易 RCA 指数。回归方程（1）为不添加控制变量的回归，回归方程（2）~（5）逐渐添加其他控制变量。随着控制变量的添加，行业对外直接投资获取的逆向技术溢出的系数变大，且在 1% 的显著性水平显著。行业 GDP（SVA）和垂直专业化率（VSS）的系数也显著为正，说明行业 GDP、垂直专业化水平的提高都会增强行业出口的竞争力。与前文采用全球价值链地位的回归模型所得的结果基本一致。行业资本密集度和劳动密集度的系数变化情况也与基准回归基本一致。通过该稳健型检验说明，前文得出的中国投资欧盟对外直接投资逆向技术溢出促进了行业增加值出口的结论可靠。

表4　中国不同行业对欧盟OFDI技术溢出对贸易增加值的提升效应

变量	资源行业 (1) lnfgy	(2) lnfgy	(3) lnfgy	(4) lnfgy	制造业 (5) lnfgy	(6) lnfgy	(7) lnfgy	(8) lnfgy	生产性服务业 (1) lnfgy	(2) lnfgy	(3) lnfgy	(4) lnfgy	其他 (5) lnfgy	(6) lnfgy	(7) lnfgy	(8) lnfgy
lnspill	-0.304* (-1.98)				0.411*** (13.49)				-0.430*** (-2.99)				-0.279 (-1.59)			
Llnspill		-0.305** (-2.10)				0.399*** (13.89)				-0.308** (-2.09)				-0.068 (-0.47)		
L2lnspill			-0.243 (-1.64)				0.389*** (13.88)				-0.439*** (-3.27)				-0.113 (-0.80)	
L3lnspill				-0.063 (-0.39)				0.371*** (12.81)				-0.337** (-2.57)				-0.145 (-1.02)
常数项	18.066*** (6.25)	16.257*** (5.66)	15.376*** (4.98)	14.228*** (4.14)	6.748*** (4.20)	7.399*** (4.53)	8.316*** (4.81)	8.775*** (4.51)	9.212*** (6.37)	9.281*** (5.97)	9.410*** (6.34)	9.343*** (5.95)	2.089 (0.53)	2.641 (0.65)	2.564 (0.62)	0.377 (0.09)
其他变量	控制	控制	控制	控制	控制	控制	控制	控制	控制	控制	控制	控制	控制	控制	控制	控制
样本量	62	56	50	44	67	60	53	46	65	58	51	44	95	87	78	69

表5　稳健性检验

变量	(1) lnrca_e	(2) lnrca_e	(3) lnrca_e	(4) lnrca_e	(5) lnrca_e
lnspill	0.143** (2.87)	0.125** (2.65)	0.113* (2.14)	0.119** (2.34)	0.159*** (3.71)
lnsva		0.152*** (5.57)	0.189*** (4.25)	0.150*** (3.84)	0.0339*** (3.36)
lnkemp			0.0861* (1.97)	0.220*** (3.69)	-0.0469 (-1.69)
lngoemp				-0.247*** (-6.53)	-0.674*** (-11.59)
lnvss					1.914*** (15.00)
常数项	-1.400*** (-9.30)	-3.086*** (-16.32)	-3.895*** (-6.68)	-2.777*** (-5.39)	6.209*** (12.41)
样本量	292	292	292	292	289

五、结论与建议

论文基础回归模型和稳健性检验均显示，中国对欧盟OFDI逆向技术溢出对中国出口国内增加值具有显著的正向影响，同时随着中国对外开放程度及企业全球生产网络融入程度不断加深，中欧垂直专业化分工水平提升了我国行业的国际市场竞争力。细分行业来看，逆向技术溢出效应对制造业国内增加值出口具有显著的正向影响，但是不利于生产性服务业的发展。

基于上述中国对欧盟OFDI逆向技术溢出对全行业贸易增加值提升的影响机制与经验分析结果，本文从以下几个方面提出政策建议。

（一）培育对欧盟OFDI投资多元化主体，鼓励技术获取型对外直接投资

我国现阶段大额对外直接投资中，国有企业占比高，非国有企业占比偏小，而国有企业对外直接投资在海外常因企业的政府背景受阻，影响了发达国家对我国企业的技术转让。因此，国家在鼓励企业对欧盟OFDI时，要鼓励对外投资主体的多元化，促使更多的民营企业走出去。优秀民营企业往往是从市场竞争中脱颖而出，具有研发优势、管理优势、营销优势和敏锐洞察力，具有更快速的市场反应机制，通过行业交流和技术联盟等手段促进相关技术在行业内快速流动，带动全行业技术水平提高。因此，政府应该建立健全民营企业"走出去"投融资及政策支持体系，促进我国海外投资主体的多元化，一定程度改变我国现阶段对外直接投资还是以市场导向型和资源导向

型为主的现状，政府应该将对欧盟实施技术寻求型对外投资纳入政府重点扶持的范围，但同时也要充分注意欧盟对外来投资统一的、日趋严格的政策审核，故中欧双方 2020 年按照已有约定成功签署双边投资协定（BIT）则有显著意义。

（二）提高技术吸收能力，完善国内价值链，促进先进知识在国内辐射和扩散

根据本文的机理分析以及实证结果，中国对欧 OFDI 逆向技术溢出发挥作用需要依托于我国国内的生产体系和基础，如果发展不够成熟可能会造成国外产业对国内产业的替代，造成母国产业"空心化"现象。因此，首先要提升对欧盟 OFDI 的技术消化与吸收能力。逆向技术溢出对于国内行业发展的拉动程度直接取决于相关行业对新技术的吸收和再创新的能力。学习能力强，科研实力雄厚的企业往往能够很快地接收和运用新知识，并研发新产品。但是目前情况来看，企业的研发支出占比相对较低，这对于我们获取技术并进行再创造不利。因此，为了将获取的逆向技术溢出消化吸收，我国应增加研发资本，同时多渠道引进高水平人才，采取创新补贴、提高专业技术人员待遇等创新激励措施。

其次，需要完善国内价值链，健全国内市场，才能更好地吸收源自欧盟的先进技术，促进国内企业间、产业间、区域间的技术溢出和扩散。应该创造良好的营商环境，逐渐实现"竞争中性"，同时鼓励创新，并扩大外资的技术外溢效应，促进和外资的联动，借力外资推进创新产品、创新项目的研发。另外，虽然随着"一带一路"倡议的推进，中西部地区间的经济差距正在缩小，但中西部经济发展仍然差距较大。针对中西部地区需要继续扩大对外开放，引进外资。加强东部地区对于中西部地区经济的拉动作用，发挥各个省市的比较优势，打破地区间的壁垒，协调资源的配置，缩小地区间的收入差距。最终实现国内企业间、产业间、区域间高层次的互联互通，国内价值链替代部分全球价值链生产环节，并主导全球价值链。

（三）发展生产性服务业，推进国内制造业服务化

根据前文的分析，我国的生产性服务业尚属于成长期，中国对欧投资并购可能会对于我国生产性服务业产生一定程度的替代，因此应该保护国内生产性服务业的发展，促进服务业对于制造业的支撑和配套作用。应该构建生产性服务业能够健康发展的平台，适当降低民营企业的融资成本，鼓励生产性服务业的创新并加强知识产权的保护。在目前阶段，可以现在沿海发达城市以建造工业园的形式推动生产性服务业特别是高端生产性服务业集群，充分发挥规模经济效应，积极推进制造业服务化进程，通过提升制造业中间服务加快转型升级并实现两者良性互动。同时国家与企业应该重视研发设计、

金融服务、通信服务与信息技术等领域人才培养,通过提升产学研合作水平扩大对高技能人才培养,缩小与欧美发达国家技术差距,不仅能够适应相关技术的快速变化,而且能够更好吸收OFDI逆向技术溢出。

参 考 文 献

[1] 高运胜、李之旭、王云飞:《中国对欧直接投资:结构性转变与战略性机遇》,载《国际经贸探索》2019年第9期。

[2] 葛顺奇、罗伟:《中国制造业对外直接投资和母公司竞争优势》,载《管理世界》2013年第6期。

[3] 顾露露、平淑娟、王悦:《东道国多维度技术集聚与跨国公司海外投资逆向技术溢出效应研究——基于中国对OECD国家投资的实证分析》,载《浙江社会科学》2016年第9期。

[4] 江希、刘似臣:《中国制造业出口增加值及影响因素的实证研究——以中美贸易为例》,载《国际贸易问题》2014年第11期。

[5] 蒋冠宏、蒋殿春:《中国工业企业对外直接投资与企业生产率进步》,载《世界经济》2014年第9期。

[6] 蒋冠宏:《我国企业跨国并购与行业内逆向技术溢出》,载《世界经济研究》2017年第1期。

[7] 李梅、金照林:《国际R&D吸收能力与对外直接投资逆向技术溢出——基于我国省际面板数据的实证研究》,载《国际贸易问题》2011年第10期。

[8] 李梅、袁小艺、张易:《制度环境与对外直接投资逆向技术溢出》,载《世界经济研究》2014年第2期。

[9] 刘海云、毛海欧:《制造业OFDI对出口增加值的影响》,载《中国工业经济》2016年第7期。

[10] 刘维林、李兰冰、刘玉海:《全球价值链嵌入对中国出口技术复杂度的影响》,载《中国工业经济》2014年第6期。

[11] 刘伟全、张宏:《FDI行业间技术溢出效应的实证研究——基于全球价值链的视角》,载《世界经济研究》2008年第10期。

[12] 马述忠、陈亚平、刘恒梦:《对外直接投资逆向技术溢出与全球农业价值链地位提升——基于G20国家的经验研究》,载《国际商务研究》2017年第3期。

[13] 孟祺:《垂直专业化对内资企业有技术溢出效应吗?》,载《科研管理》2010年第4期。

[14] 苗长青、李冬梅:《中美产品内贸易与静态利益分配研究——基于制造业五位数数据的分析(1993—2010)》,载《西华大学学报(哲学社会科学版)》2012年第5期。

[15] 欧阳艳艳、周冬暖、关红玲:《双边贸易对中国企业OFDI的影响和机制分析——基于中国上市公司微观数据研究》,载《国际经贸探索》2019年第2期。

[16] 齐俊妍、王永进、施炳展、盛丹:《金融发展与出口技术复杂度》,载《世界经济》2011年第7期。

[17] 唐海燕、张会清:《产品内国际分工与发展中国家的价值链提升》,载《经济研究》2009 年第 9 期。

[18] 陶爱萍、盛蔚:《技术势差、OFDI 逆向技术溢出与中国制造业高端化》,载《国际商务(对外经济贸易大学学报)》2018 年第 3 期。

[19] 王云飞、李之旭、高运胜:《中欧垂直专业化分工结构与就业效应研究》,载《世界经济研究》2020 年第 2 期。

[20] 王直、魏尚进、祝坤福:《总贸易核算法:官方贸易统计与全球价值链的度量》,载《中国社会科学》2015 年第 9 期。

[21] 杨连星、刘晓光:《中国 OFDI 逆向技术溢出与出口技术复杂度提升》,载《财贸经济》2016 年第 6 期。

[22] 杨连星、罗玉辉:《中国对外直接投资与全球价值链升级》,载《数量经济技术经济研究》2017 年第 6 期。

[23] 张宏、郭庆玲:《中国技术获取型 ODI 逆向溢出效应的实证分析——基于 DEA 和省际面板数据的检验》,载《山东大学学报(哲学社会科学版)》2011 年第 6 期。

[24] 赵伟、古广东、何元庆:《外向 FDI 与中国技术进步:机理分析与尝试性实证》,载《管理世界》2006 年第 7 期。

[25] 周春应:《我国人力资本与 FDI 外溢效应关系的实证分析》,载《科技管理研究》2010 年第 5 期。

[26] Braconier, H. and Norbäck, P. J., 2005: Urban D. Multinational Enterprises and Wage Costs: Vertical FDI Revisited, *Journal of International Economics*, Vol. 67, No. 2.

[27] Braconier, H., Ekholm, K., and Knarvik, K. H. M., 2001: In Search of FDI-transmitted R&D Spillovers: A Study Based on Swedish Data, *Review of World Economics*, Vol. 137, No. 4.

[28] Branstetter, L., 2000: Vertical Keiretsu and Knowledge Spillovers in Japanese Manufacturing: An Empirical Assessment, *Journal of the Japanese and International Economies*, Vol. 14, No. 2.

[29] Coe, D. and Helpman, E., 1995: International R&D Spillovers, *European Economic Review*, Vol. 39, No. 5.

[30] Driffield, N. and Love, J. H., 2003: Foreign Direct Investment, Technology Sourcing and Reverse Spillovers, *The Manchester School*, Vol. 71, No. 6.

[31] Grossman, G. M. and Helpman, E., 1991: Trade, Knowledge Spillovers, and Growth, *European Economic Review*, Vol. 35, No. 2 – 3.

[32] Grossman, G. M. and Helpman, E., 1990: The New Growth Theory. Trade, Innovation, and Growth, *American Economic Review*, Vol. 80, No. 6.

[33] Potterie, B. P. and Lichtenberg, F., 2001: Does Foreign Direct Investment Transfer across Borders, *Review of Economics and Statistics*, Vol. 83, No. 3.

The Study of Reverse Technology Spillover Effect on China's OFDI in EU

—Based on the Perspective of Value Added in Trade

Yunsheng Gao Haiyuming Zhang Zhixu Li

Abstract: As the largest destination of Chinese OFDI, whether the reverse technology spillover of China's direct investment to the EU will increase the domestic added value (DVA) of China's exports is a question worthy of further discussion. . This paper summarizes the theoretical mechanism of OFDI reverse technology spillover promoting value added in trade. , and has empirical verification based on Chinese investment in EU. The research results show that they have significant positive effects. Meanwhile, with the deepening of Chinese enterprises' integration into the global production network, the level of Sino - European vertical specialization (VSS) has improved the international market competitiveness of Chinese industries. Considering the classification of industries, the reverse technology spillover effect has a significant positive impact on the domestic added value of manufacturing exports, but hinders the development of producer services. This paper puts forward countermeasures and suggestions from the perspectives of cultivating diversified investors in OFDI, improving the domestic value chain system, and promoting the development of domestic producer services.

Key Words: OFDI Reverse Technology Spillover Domestic Value Added Vertical Specialization Competitive Advantage

JEL Classification: F21 E29

附录

附表 1 部分年份关键变量数据

industry	2004 spill	2004 fgy	2004 rca_f	2008 spill	2008 fgy	2008 rca_f	2012 spill	2012 fgy	2012 rca_f	2014 spill	2014 fgy	2014 rca_f
Tobacco	0.007632	3244.01	2.00915	13.8197	5695.06	1.94919	138.032	7845.98	1.61113	252.469	7205.18	1.56658
Mining	1.07503	376.355	0.817398	18.5816	937.487	0.644279	151.929	2910.11	0.486086	256.026	3145.56	0.61143
Beverages	1721	12438.4	1.03516	1896.3	23470.6	1.10693	2173.86	34867.9	1.15746	2235.83	40290	1.0698
Forestry & paper	0.016791	1082.56	1.66427	8.73517	1684.36	1.91427	108.01	2363.53	2.13363	191.376	2347.98	2.01392
Oil & gas	0.125435	711.063	1.08434	7.07098	1374.36	1.0364	93.0706	3970.72	0.976089	151.772	4379.56	0.978328
Chemicals	0.480568	2096.43	1.20211	9.12094	4193.48	1.4286	115.886	6075.77	1.20798	207.752	7023.1	1.15016
Pharma & biotech	1.13548	2396.39	0.302445	11.2878	5398.02	0.345924	139.589	8170.22	0.326434	255.727	8387.19	0.319207
Industrial metals				8.40182	2856.31	1.94979	113.243	6286.91	1.58442	212.01	6130.31	1.50767
Computer services				8.64805	150821	1.80325						
Electrical components & equipment				2067.76	50670.7	1.68588						
Oil equipment, services & distribution				6.77236	56099.4	1.2856	89.319	89085.5	1.16872	145.607	95434.1	1.15242
Automobiles & parts	1.59528	2180.83	0.284814	7.65793	10032.8	0.443038	95.5497	19438.6	0.533494	185.229	21763.9	0.546366
Commercial vehicles & trucks				9.33502	20691.7	0.73401						
General industrials				8.47386	47221.4	1.78531	103.873	57203.1	1.5936	192.686	66675.7	1.49166

续表

industry	2004 spill	2004 fgy	2004 rca_f	2008 spill	2008 fgy	2008 rca_f	2012 spill	2012 fgy	2012 rca_f	2014 spill	2014 fgy	2014 rca_f
Electricity	0.060594	193.537	1.36784	9.28698	432.858	1.03041	112.784	840.601	0.897811	201.697	1025.48	0.999219
Gas, water & multiutilities				8.44681	19.5413	0.595252	104.507	62.9923	0.405611	185.215	77.0443	0.477708
Construction & building	0.044533	5.47076	0.256842	8.51447	1936.15	0.302469	114.399	61.5449	0.447889	204.286	91.3711	0.443461
General retailers	0.012212	8312.56	0.986179	8.1891	24263.9	1.04306	102.332	48713.6	1.3288	186.038	52876.4	1.32635
Food & drug retailers	0.000664	1718.94	0.586077	9.07224	4951.29	0.673537	113.383	10086.4	1.05848	199.815	10729.2	1.04266
Industrial transportation				8.07902	4512.75	0.943515	109.024	8594.85	0.996585	203.632	8443.5	0.998084
Travel & leisure				13.1821	621.291	0.341476	132.394	1050.6	0.469626	241.729	1026.28	0.455706
Leisure & hotels	0.011017	2007.75	1.22797	8.16273	3852.14	1.25253	108.664	2820.28	0.974507	194.401	2856.75	0.934216
Telecommunication services	0.189347	302.601	1.07199	14.4995	517.168	0.942759						
Software & computer services	0.17468	415.655	0.187005	12.3349	1885.87	0.205034	147.028	4091.75	0.232057	271.184	4488.15	0.208928
banks	0.006039	26.6352	0.761792	7.99848	145.285	1.11571	106.561	813.114	1.26412	204.473	791.664	1.35765
Nonlife insurance				6.82495	556.951	0.355833	91.0337	1193.43	0.366677	158.013	1673.31	0.395137
Alternative energy				0.046762	200.911	0.500429	5.70669	269.137	0.927265	12.2248	299.428	0.977521
Aerospace & defence	0.455083	129.672	0.066356	13.8889	225.813	0.201046	151.716	280.473	0.274663	266.634	301.96	0.309276
Health	0.116542	0.032848	0.763279	8.18746	194.59	0.847156	104.001	187.688	0.294265	188.436	202.925	0.324715
Support services	0.022698	1784.73	1.66331	11.8914	3822.5	1.39314	144.385	5827.33	1.33619	264.06	5497.64	1.28922

《产业经济评论》投稿体例

《产业经济评论》是由山东大学经济学院、山东大学产业经济研究所主办,由经济科学出版社出版的开放性产业经济专业学术文集。它以推进中国产业经济科学领域的学术研究、进一步推动中国产业经济理论的发展,加强产业经济领域中海内外学者之间的学术交流与合作为宗旨。《产业经济评论》为中文社会科学引文索引(CSSCI)来源集刊。

《产业经济评论》是一个中国经济理论与实践研究者的理论、思想交流平台,倡导规范、严谨的研究方法,鼓励理论和经验研究相结合的研究路线。《产业经济评论》欢迎原创性的理论、经验和评论性研究论文,特别欢迎有关中国产业经济问题的基础理论研究和比较研究论文。

《产业经济评论》设"综述""论文""书评"三个栏目。其中:"综述"发表关于产业经济领域最新学术动态的综述性文章,目的是帮助国内学者及时掌握国际前沿研究动态;"论文"发表原创性的产业经济理论、经验实证研究文章;"书评"发表有关产业经济理论新书、新作的介绍和评论。

《产业经济评论》真诚欢迎大家投稿,以下是有关投稿体例说明。

1. 稿件发送电子邮件至:rie@ sdu. edu. cn。
2. 文章首页应包括:

(1)中文文章标题;(2)200字左右的中文摘要;(3)3~5个关键词;(4)作者姓名、署名单位、详细通信地址、邮编、联系电话和 E-mail 地址。

3. 文章的正文标题、表格、图形、公式须分别连续编号,脚注每页单独编号。大标题居中,编号用一、二、三;小标题左齐,编号用(一)、(二)、(三);其他用阿拉伯数字。

4. 正文中文献引用格式:

单人作者:

"Stigler(1951)……"、"……(Stigler,1951)"、"杨小凯(2003)……"、"……(杨小凯,2003)"。

双人作者:

"Baumol and Willig(1981)……"、"……(Baumol and Willig,1981)"、"武力、温锐(2006)……"、"……(武力、温锐,2006)"。

三人以上作者:

"Baumol et al.(1977)……"、"……(Baumol et al.,1977)"。

"于立等（2002）……"、"……（于立等，2002）"。

文献引用不需要另加脚注，所引文献列在文末参考文献中即可。请确认包括脚注在内的每一个引用均有对应的参考文献。

5. 文章末页应包括：参考文献目录，按作者姓名的汉语拼音或英文字母顺序排列，中文在前，word 自动编号；英文文章标题；与中文摘要和关键词对应的英文摘要和英文关键词；2~4 个 JEL（*Journal of Economic Literature*）分类号。

参考文献均为实引，格式如下，请注意英文书名和期刊名为斜体，中文文献中使用全角标点符号，英文文献中使用半角标点符号：

［1］武力、温锐：《1949 年以来中国工业化的"轻重"之辨》，载《经济研究》2006 年第 9 期。

［2］杨小凯：《经济学——新兴古典与新古典框架》，社会科学文献出版社 2003 年版。

［3］于立、于左、陈艳利：《企业集团的性质、边界与规制难题》，载《产业经济评论》2002 年第 2 期。

［4］Baumol, W. J. and Willig, R. D., 1981: Fixed Costs, Sunk Costs, Entry Barriers, and Sustainability of Monopoly, *The Quarterly Journal of Economics*, Vol. 96, No. 3.

［5］Baumol, W. J., Bailey, E. E., and Willig, R. D., 1977: Weak Invisible Hand Theorems on the Sustainability of Multiproduct Natural Monopoly, *The American Economic Review*, Vol. 67, No. 3.

［6］Stigler, G. J., 1951: The Division of Labor is Limited by the Extent of the Market, *Journal of Political Economy*, Vol. 59, No. 3.

［7］Williamson, O. E., 1975: *Markets and Hierarchies*, New York: Free Press.

6. 稿件不做严格的字数限制，《综述》《论文》栏目的文章宜在 8000 字以上，欢迎长稿。

7. 投稿以中文为主，海外学者可用英文投稿，但须是未发表的稿件。稿件如果录用，由本刊负责翻译成中文，由作者审查定稿。文章在本刊发表后，作者可以继续在中国以外以英文发表。

8. 在收到您的稿件时，即认定您的稿件已专投《产业经济评论》并授权刊出。《产业经济评论》已被《中国学术期刊网络出版总库》及 CNKI 系列数据库收录，如果作者不同意文章被收录，请在投稿时说明。

《产业经济评论》的成长与提高离不开各位同仁的鼎力支持，我们诚挚地邀请海内外经济学界的同仁踊跃投稿，并感谢您惠赐佳作。我们的愿望是：经过各位同仁的共同努力，中国产业经济研究能够结出更丰硕的果实！

让我们共同迎接产业经济理论繁荣发展的世纪！